Das Entmündigungsverfahren

gegen

Geisteskranke und Geistesschwache, Verschwender und Trunksüchtige

nach

der Reichs-Civilprozeßordnung

und

dem Bürgerlichen Gesetzbuch für das Deutsche Reich.

Für Juristen und Aerzte

bearbeitet

von

Dr. P. Daude,
Geheimem Regierungsrath und Universitätsrichter der Königlichen Friedrich-Wilhelms-Universität.

Zweite Auflage.

Berlin, 1899.
Verlag von H. W. Müller.
(SW.) Luckenwalderstraße 2.

Aus dem Vorwort zur ersten Auflage.

Die wiederholten Zweifel und Bedenken, welche bisher bei Bearbeitung der Entmündigungssachen sowohl von den Gerichten, als auch Seitens der Staatsanwaltschaften angeregt worden sind, sowie der auch von ärztlicher Seite mehrfach geäußerte Wunsch nach einer besonderen, ausführlichen Erläuterung des jetzt geltenden Verfahrens gegen Geisteskranke haben dem Verfasser Veranlassung gegeben, das in der Civilprozeßordnung neu geregelte Verfahren in Entmündigungssachen eingehender, als dies bisher in den zahlreichen Kommentaren zur Civilprozeßordnung geschehen, zu bearbeiten ..... Inhalt und Eintheilung des vorliegenden Buches ergeben sich aus dem nachstehenden Inhaltsverzeichniß; es soll hier nur darauf hingewiesen werden, daß der Verfasser lediglich eine Darstellung des bei der Entmündigung von Geisteskranken 2c. nach Reichs- und Landesrecht zu beobachtenden Verfahrens geben will, und daß er deßhalb auf das bürgerliche Recht der einzelnen Deutschen Staaten nur insoweit, als dasselbe zur Erläuterung dieses prozessualen Verfahrens dient, hat Rücksicht nehmen können. Bei dem Entmündigungsverfahren gegen Geisteskranke ist selbstverständlich von einer Erörterung rein medizinisch-technischer Fragen Abstand genommen. Dagegen sind überall die leitenden Grundsätze festgestellt, welche im Sinne der Civilprozeßordnung für die Betheiligung der medizinischen Sachverständigen am gerichtlichen Verfahren maßgebend sind, und damit hofft der Verfasser auch den Aerzten das Verständniß der einschlagenden Bestimmungen der Civilprozeßordnung erleichtert zu haben.

Die in dem Anhang mitgetheilten Musterbeispiele werden dem praktischen Juristen und auch dem Laien nicht unwillkommen sein.

Möge somit das vorliegende Buch den Deutschen Juristen und Aerzten ein nützliches Hülfsmittel bei der Bearbeitung der Entmündigungssachen werden!

Berlin, im Mai 1882.

Vorwort zur zweiten Auflage.

Das Gesetz vom 17. Mai 1898, betreffend Aenderungen der Civilprozeßordnung, hat für das Entmündigungsverfahren, wie es bisher in der Civilprozeßordnung vom 30. Januar 1877 geregelt war, mannigfache Aenderungen herbeigeführt, welche zu einem großen Theil mit dem Bürgerlichen Gesetzbuche zusammenhängen und namentlich darauf abzielen, die bisherigen Bestimmungen den familienrechtlichen Vorschriften des Bürgerlichen Gesetzbuchs anzupassen, außerdem aber für die der Civilprozeßordnung vom 30. Januar 1877 unbekannte Entmündigung wegen Geistesschwäche und wegen Trunksucht (§ 6 Nr. 1 und 3 des Bürgerlichen Gesetzbuchs) das Verfahren zu regeln. Unabhängig vom Bürgerlichen Gesetzbuch sind sodann verschiedene Bestimmungen getroffen, welche, ohne in die Grundlagen des Verfahrens einzugreifen, eine Reihe einzelner bei dem in der Civilprozeßordnung vom 30. Januar 1877 geregelten Verfahren hervorgetretener Mißstände beseitigen und insbesondere eine stärkere Gewähr gegen Fehlsprüche bei der Entmündigung wegen Geisteskrankheit schaffen sollen.

Unter diesen Umständen erschien eine Neubearbeitung des vorliegenden Buches dringend geboten, die der Verfasser Juristen und Aerzten mit dem Wunsche unterbreitet, daß sie ihnen ein verständlicher und zuverlässiger Führer durch die immerhin etwas verwickelten Gesetzesvorschriften über das Entmündigungsverfahren sein möge.

Berlin, im Februar 1899.

Daude.

Inhalt.

Erster Theil.

Die Entmündigung wegen Geisteskrankheit und wegen Geistesschwäche.

Zweiter Theil.

Die Entmündigung wegen Verschwendung und wegen Trunksucht.

Erster Abschnitt.

Das Entmündigungsverfahren.

Zweiter Abschnitt.

Das Wiederaufhebungsverfahren.

Anhang.

Erster Theil.

Die Entmündigung wegen Geisteskrankheit und wegen Geistesschwäche.

§ 1.

Vorbemerkung.

Wenn die geistige Erkrankung einer Person von einer solchen Dauer und Bedeutung ist, daß sie den Erkrankten an der ausreichenden Sorge für seine Person oder seine Familie verhindert oder zur selbstständigen Verwaltung der Gesammtheit seiner Angelegenheiten derart unfähig macht, daß sie eine gesicherte Aufnahme und Pflege desselben im Kreise seiner Familie ausschließt und vielleicht sogar Veranlassung zu einer Gefährdung der öffentlichen Ordnung und Sicherheit giebt, dann ist das Recht und die Pflicht des Staates begründet, den Geisteskranken zu entmündigen, ihn der Fürsorge eines Vormundes zu unterstellen und diejenigen Sicherheitsmaßregeln anzuordnen, welche erforderlich sind, um von ihm und Anderen Nachtheile und Gefahren abzuwenden. [1]) Bereits in den römischen Zwölftafelgesetzen findet sich deßhalb eine cura furiosi, die sich allerdings lediglich auf solche Personen bezog, welche an einer, dauernden oder vorübergehenden, gänzlichen Geisteszerrüttung (Rasende, Wahnsinnige, furiosi) litten. [2]) Nach der späteren römischen Praxis [3]) wurden jedoch auch geistesschwache und blödsinnige Personen (mente capti, fatui, dementes) einer Curatel unterworfen, und da auch nach älterem deutschen Recht [4]) „rechte Thoren" und „sinnlose Leute", also unzweifelhaft Geisteskranke jeder Art, einen Vormund erhalten sollten, so wurde im gemeinen Recht ganz allgemein die Nothwendigkeit einer Bevormundung aller geisteskranken Personen anerkannt.

Die deutschen Partikulargesetzgebungen folgten übereinstimmend den Grundsätzen des gemeinen Rechts; auch sie konnten die Nothwendigkeit

---

[1]) Vergl. von Arnold, Das gerichtliche Verfahren gegen Geisteskranke und Verschwender. Erlangen 1861. § 4.

[2]) Vergl. Rudorff, Recht der Vormundschaft I, S. 118, 121. Vergl. Cic. Tusc. Quaest. III, 5.

[3]) Vergl. § 4 J. de curat. (1, 23).

[4]) Vergl. Sachsenspiegel III, 3: „Over rechten doren und over sinnelosen man ne sal man nicht richten; sweme sie aver scaden ire vormünder sal it gelden". Vergl. Richtst. Ldr. cap. 32, 34. Goslar. Stat. 502, 91. Vergl. Kraut, Die Vormundschaft nach den Grundsätzen des Deutschen Rechts II, S. 191 ff.

einer staatlichen Fürsorge für geisteskranke Personen nicht verkennen und haben deßhalb sämmtlich das Institut der Vormundschaft über Geisteskranke in das System ihrer Gesetzbücher aufgenommen und in mehr oder weniger ausführlicher Weise ausgebildet und geordnet. Es mag genügen, in dieser Beziehung auf die Bestimmungen des preußischen Allgemeinen Landrechts I, 1 §§ 27, 31 und II, 18 §§ 12, 13; des bayerischen Landrechts I, 7 §§ 37, 39; des sächsischen Bürgerl. Gesetzbuchs § 1981; der preußischen Vormundschaftsordnung vom 5. Juli 1875 §§ 81 ff.; der Art. 76 ff. der hamburgischen Vormundschaftsordnung vom 25. Juli 1879, der §§ 103 ff. der bremischen Vormundschaftsordnung und auf das sächsische Gesetz vom 20. Februar 1882, betreffend die Entmündigung und Bevormundung Geisteskranker zc. zu verweisen. In dem französischen Code civ. wurde die Entmündigung und Bevormundung bezw. Verbeistandung von Geisteskranken (imbécilité, démence, fureur) in den Art. 489 ff. ausführlich behandelt, und diese französisch-rechtlichen Grundsätze haben alsdann auch in dem dem Code civ. nachgebildeten badischen Landrecht (Buch I Tit. XI S. 489 ff.) Aufnahme gefunden.

Das Bürgerliche Gesetzbuch für das Deutsche Reich hat auch in dieser Beziehung einheitliches Recht für ganz Deutschland geschaffen. Dasselbe hat im § 6 Ziff. 1 die Entmündigung wegen geistiger Erkrankung, und zwar wegen Geisteskrankheit und wegen Geistesschwäche, für zulässig erklärt und hat in den §§ 1896 ff. gemeinsame Bestimmungen in Betreff der Vormundschaft über die wegen solcher geistigen Erkrankung entmündigten Personen getroffen.

Der Weg, auf welchem der zur Begründung der Entmündigung und der hieraus sich ergebenden Bevormundung erforderliche Zustand geistiger Erkrankung festgestellt werden soll, war früher in den einzelnen Rechtsgebieten des Deutschen Reiches ebenfalls ein sehr verschiedener. Nach preußischem und württembergischem Recht konnte diese Feststellung nur im Wege eines kontradiktorischen Verfahrens erfolgen, und auch im Geltungsgebiet des französischen Rechts wurde nach den Vorschriften des Code de proc. civ. art. 890 ff. über das Vorhandensein einer Geisteskrankheit in einem förmlichen, sog. Interdiktionsprozeß verhandelt und entschieden. Nach gemeinem, sächsischem, oldenburgischem und kurhessischem Recht, sowie nach den meisten anderen Partikularrechten fand dagegen die Feststellung der Geisteskrankheit nicht in den Formen eines Prozesses, sondern nach Art der Akte der freiwilligen Gerichtsbarkeit (jurisdictio voluntaria mixta) statt, indem es hier lediglich der Vormundschaftsbehörde überlassen blieb, sich die erforderliche Ueberzeugung von der Nothwendigkeit einer Bevormundung wegen geistiger Erkrankung zu verschaffen.

Immerhin wurde in dieser Beziehung früher als für das materielle Recht eine einheitliche Regelung gefunden. In der zutreffenden Erwägung, daß für die Mehrzahl der Entmündigungsfälle ein auf Einfachheit, Schonung der persönlichen und Familienverhältnisse und Kostenersparniß abzielendes Verfahren genügt, und nur für die selteneren Fälle, in denen das Ergebniß dieses Verfahrens von dem Entmündigten selbst oder von sonstigen Betheiligten angefochten wird, der Schutz eines geordneten

Prozeßverfahrens gewährt zu werden braucht, hat die Civilprozeßordnung vom 30. Januar 1877 gemeinsames Recht durch eine glückliche Verbindung der bis dahin herrschenden Systeme des rein prozessualen und des als Akt der freiwilligen Gerichtsbarkeit gestalteten Verfahrens geschaffen.

Zum Zwecke der Feststellung, ob die Voraussetzungen einer Entmündigung wegen geistiger Erkrankung vorliegen, findet zunächst vor dem Amtsgericht ein Offizialverfahren statt, in welchem es sich lediglich darum handelt, rechtliche Gewißheit darüber zu erhalten, ob die betreffende Person, deren Entmündigung beantragt worden ist, an einer die Entmündigung rechtfertigenden geistigen Erkrankung leidet oder nicht. Dieses amtsgerichtliche Offizialverfahren, das eigentliche Entmündigungsverfahren, findet seinen Abschluß in einer Entscheidung des Amtsgerichts, welche auf Grund der angestellten Ermittelungen, der Vernehmung von Sachverständigen u. s. w. in Form eines Beschlusses sich darüber auszusprechen hat, ob die betreffende Person wegen ihrer geistigen Erkrankung zu entmündigen ist oder nicht. Gegen den die Entmündigung ablehnenden Beschluß ist dem Antragsteller und, behufs Wahrung des öffentlichen Interesses, auch dem Staatsanwalt die sofortige Beschwerde, gegen den die Entmündigung aussprechenden Beschluß aber dem Entmündigten selbst, dem gesetzlichen Vertreter desselben und den sonst zur Stellung des Entmündigungsantrags berechtigten Personen die Anfechtung im Wege der Klage gewährt. Ueber diese sog. Anfechtungsklage wird mit einigen aus der besonderen Natur des Entmündigungsverfahrens sich ergebenden geringen Abweichungen in den Formen des ordentlichen Prozesses vor dem Landgericht verhandelt und entschieden.

Durch das amtsgerichtliche Offizialverfahren in Verbindung mit der Möglichkeit der Anfechtung der Entmündigung im Wege des ordentlichen Prozesses wurde denn in der That schon durch die Civilprozeßordnung vom 30. Januar 1877 ein weitgehender Schutz gegen ungerechtfertigte Entmündigungen wegen geistiger Erkrankung geschaffen.

Andererseits hat es aber auch bereits die Civilprozeßordnung vom 30. Januar 1877 nicht unterlassen, gemeinsam für alle deutschen Staaten das Verfahren zu regeln, in welchem die Wiederaufhebung der rechtsgültig ausgesprochenen Entmündigung geregelt werden soll.

Auch hier ist das Verfahren in der Weise geordnet, daß zunächst wieder ein amtsgerichtliches Offizialverfahren stattfindet, welches den Zweck verfolgt, rechtliche Gewißheit darüber zu schaffen, ob die betreffende Person auch jetzt noch geistig erkrankt oder wieder geheilt ist, und ob deßhalb die Voraussetzungen der Entmündigung bezw. der in Folge derselben eingetretenen Bevormundung noch vorhanden oder weggefallen sind. Im Einzelnen ist dieses amtsgerichtliche Wiederaufhebungsverfahren mit einigen Abweichungen dem amtsgerichtlichen Entmündigungsverfahren nachgebildet, so daß es also ebenfalls mit einem Beschluß des Amtsgerichts endigt, in welchem über die Fortdauer oder Wiederaufhebung der früher ausgesprochenen Entmündigung Entscheidung getroffen wird. Zur Wahrung des öffentlichen Interesse ist dem Staatsanwalt das Recht gegeben, gegen den Beschluß, durch welchen die Entmündigung aufgehoben wird, die sofortige Beschwerde zu erheben; andererseits ist aber auch im Interesse des angeblich wiedergenesenen Entmündigten die Möglichkeit gewährt, die Frage, ob wirklich die Voraussetzungen der Entmündigung noch vorliegen, im Wege des ordentlichen Prozesses durch die sog. Wiederaufhebungsklage zur Entscheidung zu bringen.

Von besonderer Bedeutung für die Neugestaltung des Entmündigungsverfahrens war namentlich die Vorschrift der Civilprozeßordnung vom 30. Januar 1877, daß eine Entmündigung wegen geistiger Erkrankung nicht ausgesprochen werden darf, bevor das Gericht einen oder mehrere Sachverständige über den Geisteszustand des zu Entmündigenden gehört hat. Im französisch-rechtlichen Interdiktionsprozeß war die Anhörung von Sachverständigen überhaupt nicht erforderlich, und auch sonst war bisher den Sachverständigen ein Einfluß auf die richterliche Entscheidung bei der Entmündigung von Geisteskranken nirgends eingeräumt. Wenn nun auch die Civilprozeßordnung dem Gutachten der Sachverständigen keine den Richter gesetzlich bindende Beweiskraft beilegte, so war doch sicherlich durch die nunmehr gebotene absolute Nothwendigkeit der Anhörung von Sachverständigen eine nicht zu unterschätzende Garantie gegen ungenügende und unrichtige Beurtheilung krankhafter Geisteszustände gegeben. Daß hierin ein besonderer Vorzug des neuen Verfahrens lag, braucht kaum hervorgehoben zu werden, und wenn man dann die bereits durch die Civilprozeßordnung vom 30. Januar 1877 angeregte Anordnung provisorischer Fürsorge, die ausgedehnte Zulassung der Anfechtungsklage, die Zulässigkeit einstweiliger Verfügungen zum Schutze der Person oder des Vermögens des Entmündigten, die Möglichkeit, jeder Zeit und im geeigneten Fall im Wege des ordentlichen Prozesses die Wiederaufhebung der Entmündigung erwirken zu können, und die Befugniß des Staatsanwalts in Erwägung zieht, in allen Fällen im Interesse des zu Entmündigenden und des Entmündigten das Verfahren zu betreiben, so wird man der Civilprozeßordnung vom 30. Januar 1877 die Anerkennung nicht versagen können, daß sie in dem vorstehend in seinen Grundzügen angedeuteten Verfahren einen ausreichenden Schutz für die persönliche Freiheit, die bürgerliche Selbstständigkeit und das Vermögen aller derjenigen Personen gegeben hat, gegen welche der Verdacht einer Geisteskrankheit angeregt und deßhalb ein Entmündigungsantrag gestellt worden ist.

Die Neuregelung des materiellen Rechts durch das Bürgerliche Gesetzbuch für das Deutsche Reich, insbesondere die Einführung der dem bisherigen Rechte unbekannten Entmündigung wegen Geistesschwäche und das Bedürfniß, die Bestimmungen der Civilprozeßordnung vom 30. Januar 1877 den familienrechtlichen Vorschriften des Bürgerlichen Gesetzbuchs anzupassen, haben nun allerdings zu einer Revision des bisherigen Entmündigungsverfahrens geführt, die in dem Gesetze, betreffend Aenderungen der Civilprozeßordnung, vom 17. Mai 1898 ihren Abschluß gefunden hat. An den Grundlagen des Verfahrens, wie es durch die Civilprozeßordnung vom 30. Januar 1877 gestaltet worden, ist jedoch Wesentliches nicht geändert worden; den bisherigen Vorschriften über die

Entmündigung wegen Geisteskrankheit ist die analoge Anwendung auf die Entmündigung wegen Geistesschwäche gesichert, und wo, unabhängig vom Bürgerlichen Gesetzbuch, neue Verfahrensvorschriften gegeben sind, da beruhen dieselben lediglich auf dem Bestreben, eine noch stärkere Gewähr wie bisher gegen ungerechtfertigte Entmündigungen zu geben. Es gehören hierher insbesondere die Vorschriften, welche eine wirksamere Betheiligung der Staatsanwaltschaft am Verfahren sichern, die Vornahme einer persönlichen Vernehmung des zu Entmündigenden mehr als bisher zur Regel machen und eine bessere Vorbereitung des ärztlichen Gutachtens durch die Zulässigkeit einer zeitweisen Unterbringung des zu Entmündigenden in eine Heilanstalt ermöglichen wollen (§§ 652, 654, 656). Wenn diese ergänzenden Vorschriften, wie zu erhoffen, in der Praxis ihren Zweck erfüllen, so werden die Bestimmungen der Civilprozeßordnung über das Entmündigungsverfahren wegen geistiger Erkrankung auch in ihrer neuen Fassung der Anerkennung, welche ihnen von Juristen und Aerzten zu Theil geworden ist, auch für die Zukunft nicht verlustig gehen.

Erster Abschnitt.

Das Entmündigungsverfahren.

§ 2.

Das Entmündigungsverfahren im Allgemeinen.

Nach der ausdrücklichen Vorschrift des § 645 Abs. 1 CPO. kann die Entmündigung wegen Geisteskrankheit oder wegen Geistesschwäche nur durch Beschluß des Amtsgerichts erfolgen.

Damit ist zunächst die Zulässigkeit einer Entmündigung durch eine Verwaltungs- oder Vormundschaftsbehörde ausgeschlossen. Insbesondere sind alle Vorschriften der Landesgesetzgebungen beseitigt, welche der gemeinrechtlichen Praxis entsprechend die Feststellung der Geisteskrankheit und die darauf erfolgende Entmündigung der Vormundschaftsbehörde zuweisen, und ebensowenig kann fortan eine Person im Wege polizeilicher Anordnung für geisteskrank oder geistesschwach im Sinne des Gesetzes erklärt werden. Allerdings ist hierdurch, wie auch die Motive der Civilprozeßordnung besonders hervorheben, die Frage nicht berührt, ob eine geisteskranke oder geistesschwache Person Seitens der Familie oder der Polizei provisorisch, sei es zum Zwecke der Heilung, sei es zu vorläufiger Unschädlichmachung in einer Irrenanstalt untergebracht werden kann. In dieser Beziehung sind vielmehr nach wie vor lediglich die betreffenden landesgesetzlichen Bestimmungen in Geltung verblieben.

Ein näheres Eingehen auf die in den einzelnen deutschen Staaten ergangenen diesbezüglichen Spezialvorschriften würde Zweck und Raum dieses Buches überschreiten; es möge genügen, hier nur besonders hervorzuheben, daß in Preußen erst neuerdings durch den Runderlaß der Minister der geistlichen, Unterrichts- und Medizinal-Angelegenheiten, des Inneren und der Justiz vom 20. September 1895 eingehende Anweisungen über die Aufnahme und Entlassung von Geisteskranken, Idioten und Epileptischen in und aus Privatirrenanstalten, sowie über die Einrichtung, Leitung und Beaufsichtigung solcher Anstalten erlassen sind, daß hier besondere Vorschriften über die Behandlung geisteskranker Strafgefangener bestehen (Min.Erlasse vom 26. Oktober 1858, 8. März 1866, 25. Oktober 1882,

17. Dezember 1887 u. a.), und daß auch die Aufnahme, der Aufenthalt und die Entlassung von Geisteskranken in bezw. aus den vom Staate, von Gemeinden oder sonstigen Kommunalverbänden errichteten Irrenanstalten fest geregelt ist.

Durch die Bestimmung des § 645 Abs. 1 CPO. ist ferner die Möglichkeit beseitigt, eine Entmündigung im Laufe eines anhängigen sonstigen Rechtsstreites durch prozeßgerichtliche Entscheidung auszusprechen. Es kann deßhalb die Geisteskrankheit oder Geistesschwäche einer Person niemals Gegenstand der im § 256 CPO. zugelassenen sog. Feststellungsklage [5]) sein. Dadurch ist allerdings wiederum nicht ausgeschlossen, daß im Laufe eines Prozesses, z. B. wenn es sich um die Gültigkeit oder Anfechtbarkeit eines von einem anscheinend Geisteskranken vorgenommenen Rechtsgeschäfts handelt, die Thatsache der Geisteskrankheit oder Geistesschwäche erwiesen und festgestellt wird. Die Entscheidung hierüber durch ein Prozeßgericht ist ebensowenig beschränkt, wie das Recht der Vormundschaftsbehörde, zur Sicherung der Person oder des Vermögens einer anscheinend geisteskranken oder geistesschwachen Person selbstständig vor erfolgter Entmündigung einstweilige Verfügungen zu treffen. Eine derartige prozeßrichterliche Entscheidung oder ein solches vormundschaftliches Einschreiten ist aber niemals eine Entmündigung im Sinne des Gesetzes; eine solche kann vielmehr mit rechtlicher Wirkung nur in dem in der Civilprozeßordnung geregelten Entmündigungsverfahren durch Beschluß des zuständigen Amtsgerichts ausgesprochen werden.

Daß endlich auch eine sog. freiwillige Entmündigung wegen Geisteskrankheit oder Geistesschwäche unzulässig ist, braucht kaum besonders hervorgehoben zu werden. [6])

Die materiell-rechtlichen Voraussetzungen, unter denen eine Person wegen Geisteskrankheit oder wegen Geistesschwäche entmündigt werden kann, sowie die rechtlichen Folgen der Entmündigung selbst — Geschäftsunfähigkeit, beschränkte Geschäftsfähigkeit, Bevormundung u. s. w. — sind durch die Bestimmungen der Civilprozeßordnung über das Entmündigungsverfahren nicht berührt, sondern werden lediglich durch die Vorschriften des Bürgerlichen Gesetzbuches für das Deutsche Reich bestimmt. Die einzige materiell-rechtliche Vorschrift, welche die Civilprozeßordnung in ihrer früheren Fassung im § 613 Abs. 2 über die Folgen der Aufhebung des Entmündigungsbeschlusses enthielt, ist jetzt durch den § 115 Abs. 1 BGB. ersetzt. [7])

---

[5]) Der § 256 CPO. lautet: „Auf Feststellung des Bestehens oder Nichtbestehens eines Rechtsverhältnisses . . . kann Klage erhoben werden, wenn der Kläger ein rechtliches Interesse daran hat, daß das Rechtsverhältniß . . . durch richterliche Entscheidung alsbald festgestellt werde". Vergl. § 280 CPO.: „Bis zum Schlusse derjenigen mündlichen Verhandlung, auf welche das Urtheil ergeht, kann der Kläger durch Erweiterung des Klagantrags, der Beklagte durch Erhebung einer Widerklage beantragen, daß ein im Laufe des Prozesses streitig gewordenes Rechtsverhältniß, von dessen Bestehen oder Nichtbestehen die Entscheidung des Rechtsstreits ganz oder zum Theile abhängt, durch richterliche Entscheidung festgestellt werde."

[6]) Vergl. hierüber von Arnold, Das gerichtliche Verfahren gegen Geisteskranke und Verschwender. Erlangen 1861. § 62.

[7]) Der frühere § 613 Abs. 2 CPO. (jetzt ganz weggefallen) lautete: „Die

Eine Begriffsbestimmung der **Geisteskrankheit** und der **Geistesschwäche** hat weder die Civilprozeßordnung, noch das Bürgerliche Gesetzbuch gegeben. Das letztere enthält im § 6 Ziff. 1 nur die Bestimmung, daß derjenige entmündigt werden kann, welcher in Folge von Geisteskrankheit oder von Geistesschwäche seine Angelegenheiten nicht zu besorgen vermag, und die Civilprozeßordnung beschränkt sich darauf, im § 645, wie bereits oben hervorgehoben ist, auszusprechen, daß solche Entmündigung wegen Geisteskrankheit oder wegen Geistesschwäche durch Beschluß des Amtsgerichts erfolgen soll. Immerhin läßt sich eine genauere Bezeichnung und die Begrenzung, welche das BGB. den Begriffen der Geisteskrankheit und der Geistesschwäche hat geben wollen, aus der Verschiedenheit der rechtlichen Folgen entnehmen, welche das Gesetz selbst an das Vorliegen der beiden hier in Frage stehenden geistigen Erkrankungen geknüpft hat.

Nach § 104 Ziff 3 BGB. hat die Entmündigung wegen Geisteskrankheit zur rechtlichen Folge, daß der Entmündigte geschäftsunfähig wird; er wird dadurch den Minderjährigen, welche das siebente Lebensjahr noch nicht vollendet haben, und denjenigen Personen rechtlich gleichgestellt, welche sich in einem dauernden, die freie Willensbestimmung ausschließenden Zustande krankhafter Störung der Geistesthätigkeit befinden (§ 104 Ziff. 1 und 2 BGB.).

Die Entmündigung wegen Geistesschwäche hat dagegen nach § 114 BGB. nur eine beschränkte Geschäftsfähigkeit zur Folge; der entmündigte Geistesschwache wird in Ansehung seiner Geschäftsfähigkeit demjenigen Minderjährigen gleichgestellt, der das siebente Lebensjahr bereits vollendet hat.

Wenn man nun in Betracht zieht, daß § 6 Ziff. 1 BGB. für die Entmündigung wegen Geisteskrankheit **und** wegen Geistesschwäche gleichmäßig die Unfähigkeit des geistig Erkrankten voraussetzt, die Gesammtheit seiner Angelegenheiten vernünftig zu besorgen, so wird man nicht fehlgreifen, wenn man die Begriffe der eine Entmündigung rechtfertigenden Geisteskrankheit und Geistesschwäche im Sinne des BGB. juristisch dahin bestimmt:

1. **Geisteskrankheit** ist derjenige Zustand dauernder krankhafter Störung der Geistesthätigkeit, in welchem der Erkrankte der freien Willensbestimmung und der Fähigkeit, die Gesammtheit seiner Angelegenheiten vernünftig zu besorgen, vollständig ermangelt.

2. **Geistesschwäche** ist derjenige Zustand dauernder geistiger Erkrankung, in welchem der Erkrankte zwar ebenfalls die Gesammtheit seiner Angelegenheiten vernünftig nicht zu besorgen vermag, sich aber doch noch im Besitze derjenigen geistigen Fähigkeiten befindet, welche ein Minderjähriger über sieben Jahre zu haben pflegt.

Nur wegen solcher anormaler geistiger Zustände, welche sich als Geisteskrankheit oder als Geistesschwäche in dem vorangegebenen Sinne darstellen, kann eine Entmündigung erfolgen.

Aufhebung hat zur Folge, daß die Gültigkeit der bisherigen Handlungen des Entmündigten auf Grund des Beschlusses, welcher die Entmündigung ausgesprochen hatte, nicht in Frage gestellt werden kann. Auf die Gültigkeit der bisherigen Handlungen des bestellten oder gesetzlichen Vormundes hat die Aufhebung keinen Einfluß."

Geistige Gebrechlichkeit, d. h. derjenige Zustand, in welchem die geistige Kraft durch Zurückbleiben der Entwickelung oder durch Krankheit, Alter, Verletzungen u. dergl. eine Einbuße insoweit erlitten hat, daß der davon Betroffene einzelne seiner Angelegenheiten oder einen bestimmten Kreis seiner Angelegenheiten, insbesondere seine Vermögensangelegenheiten nicht zu besorgen vermag (§ 1910 Abs. 2 BGB.), kann die Entmündigung nicht rechtfertigen, sondern nur zur Bestellung eines Pflegers für diese einzelnen Angelegenheiten Veranlassung geben.

Der Beschluß des Amtsgerichts, durch welchen die Entmündigung einer Person wegen Geisteskrankheit oder Geistesschwäche ausgesprochen wird, kann nur auf Antrag erlassen werden; ein Einschreiten des Gerichts von Amtswegen findet nicht statt.[8]) Das Gesetz hat die Antragsberechtigung, wie unten im § 4 das Nähere erörtert werden soll, möglichst weit ausgedehnt und hierdurch, sowie insbesondere durch das dem Staatsanwalt in allen Fällen zugestandene Antragsrecht eine ausreichende Gewähr dafür geschaffen, daß alle irgend wichtigen Fälle zur richterlichen Kenntniß und Entscheidung gelangen. Sobald ein Antrag gestellt ist, tritt dann allerdings eine von den ferneren Anträgen der Parteien im Wesentlichen unabhängige Offizialthätigkeit des Gerichtes ein, deren einzelne Zweige im Folgenden näher dargestellt werden sollen.

§ 3.

Die Zuständigkeit der Gerichte.

Die Entmündigung einer Person wegen Geisteskrankheit oder Geistesschwäche erfolgt nach § 645 CPO. durch Beschluß des Amtsgerichts.

Oertlich ausschließlich zuständig für die Einleitung des Entmündigungsverfahrens ist nach § 648 CPO. dasjenige Amtsgericht, bei welchem der zu Entmündigende seinen allgemeinen Gerichtsstand hat.

Der allgemeine Gerichtsstand einer Person regelt sich nach den in den §§ 7 ff. BGB. und §§ 13 ff. CPO. aufgestellten Grundsätzen. Danach wird derselbe zunächst durch den Wohnsitz bestimmt.

Als Wohnsitz ist derjenige Ort anzusehen, an welchem Jemand sich ständig niedergelassen hat in der Absicht, diesen Ort zum Mittelpunkt seiner wirthschaftlichen und gesellschaftlichen Thätigkeit zu machen.[9])

Aus dieser Begriffsbestimmung folgt, daß der Ort der Heilanstalt, in welchem sich der Geisteskranke oder Geistesschwache befindet, der Regel nach nicht als dessen Wohnsitz angesehen werden kann. Es ist dies

---

[8]) Vergl. § 645 Abs. 2 CPO.

[9]) Vergl. § 7 BGB.: „Wer sich an einem Orte ständig niederläßt, begründet an diesem Orte seinen Wohnsitz.

Der Wohnsitz kann gleichzeitig an mehreren Orten bestehen.

Der Wohnsitz wird aufgehoben, wenn die Niederlassung mit dem Willen aufgehoben wird, sie aufzugeben."

Vergl. auch die Erkenntnisse des Reichsgerichts v. 18. Juni 1885, EC. 15 365 und v. 28. Dezember 1888, EC. 22, 385.

unzweifelhaft, so lange es sich nur um vorübergehende Heilungsversuche handelt. Ob das Gegentheil angenommen werden kann, wenn eine dauernde Unterbringung in der Anstalt bezweckt ist, wird im Einzelfall besonderer Prüfung unterliegen. Man wird daran festhalten müssen, daß zur Begründung des Wohnsitzes volle Geschäftsfähigkeit gehört, und da solche den Geisteskranken und Geistesschwachen fehlt, so wird hier regelmäßig das Amtsgericht des bisherigen letzten Wohnsitzes des zu Entmündigenden für die Einleitung des Verfahrens zuständig sein.[10])

Militärpersonen haben in Ansehung des Gerichtsstandes ihren Wohnsitz am Garnisonorte. Als Wohnsitz einer Militärperson, deren Truppentheil im Inlande keinen Garnisonort hat, gilt der letzte inländische Garnisonort des Truppentheils. Diese Vorschriften finden jedoch keine Anwendung auf Militärpersonen, die nur zur Erfüllung der Wehrpflicht dienen oder die nicht selbstständig einen Wohnsitz begründen können.[11]) Ist der für den Wohnsitz einer Militärperson maßgebende Garnisonort in mehrere Gerichtsbezirke getheilt, so wird der als Wohnsitz geltende Bezirk von der Landesjustizverwaltung durch allgemeine Anordnung bestimmt.[12])

Deutsche, welche das Recht der Exterritorialität genießen, sowie die im Auslande angestellten Beamten des Reiches oder eines Bundesstaates behalten in Ansehung des Gerichtsstandes den Wohnsitz, welchen sie in ihrem Heimathsstaate hatten. In Ermangelung eines solchen Wohnsitzes gilt die Hauptstadt des Heimathsstaates als ihr Wohnsitz. Ist die Hauptstadt in mehrere Gerichtsbezirke getheilt, so wird der als Wohnsitz geltende Bezirk von der Landesjustizverwaltung durch allgemeine Anordnung bestimmt. Gehört ein Deutscher einem Bundesstaate nicht an, so gilt als sein Wohnsitz die Stadt Berlin; ist die letztere in mehrere Gerichtsbezirke getheilt, so wird der als Wohnsitz geltende Bezirk von dem Reichskanzler durch allgemeine Anordnung bestimmt. Auf Wahlkonsuln findet diese Bestimmung keine Anwendung.[13])

Für diejenigen Reichsbeamten, welche nicht Deutsche sind (vergl. § 9 Abs. 2 des Gesetzes über die Erwerbung und den Verlust der Bundes- und Staatsangehörigkeit vom 1. Juni 1870 und das Gesetz vom 20. Dezember 1875), bleibt daneben die Vorschrift des § 21 des Gesetzes, betreffend die Rechtsverhältnisse der Reichsbeamten vom 31. März 1873 maßgebend,

---

[10]) Vergl. §§ 8, 104, 114 BGB., insbesondere § 8: „Wer geschäftsunfähig oder in der Geschäftsfähigkeit beschränkt ist, kann ohne den Willen seines gesetzlichen Vertreters einen Wohnsitz weder begründen noch aufheben."

[11]) Militärpersonen, welche das 21. Lebensjahr noch nicht erreicht haben, sind in der Geschäftsfähigkeit beschränkt. Vergl. § 106 BGB. Dieselben können nach § 8 BGB. ohne den Willen ihres gesetzlichen Vertreters einen Wohnsitz nicht begründen.

[12]) Vergl. § 9 BGB. und § 14 CPO. Militärpersonen sind alle zum aktiven Deutschen Heere und zur aktiven Kaiserlichen Marine gehörigen Personen des Soldatenstandes ohne Unterschied des Ranges einschließlich der Militärärzte und Militärbeamten. Vergl. § 4 MilStrGB. v. 20. Juni 1872 und die Anlage zu demselben; § 38 Reichs-Mil.Ges. v. 2. Mai 1874 und § 2 Ges. v. 9. November 1867. Die Offiziere à la suite sind keine Militärpersonen im Sinne des § 9 BGB. und § 14 CPO., da sie keinen bestimmten Garnisonort haben, in der Wahl ihres Wohnsitzes vielmehr unbeschränkt sind. Vergl. RG. bei Gruchot, Bd. 26, S. 119.

[13]) Vergl. § 15 CPO.

wonach der Gerichtsstand vor dem Stadtgericht zu Berlin begründet ist, an dessen Stelle für Entmündigungssachen seit dem 1. Oktober 1879 das nach der Verordnung vom 26. Juli 1878 errichtete Amtsgericht I zu Berlin getreten ist.

Die Ehefrau theilt den Wohnsitz des Ehemanns. Sie theilt den Wohnsitz nicht, wenn der Mann seinen Wohnsitz im Ausland an einem Orte begründet, an den die Frau ihm nicht folgt und zu folgen nicht verpflichtet ist.[14]) Daß ferner die Ehefrau den Wohnsitz des Mannes auch dann nicht theilt, wenn auf immerwährende Trennung von Tisch und Bett erkannt ist, ergiebt sich für das BGB. daraus, daß nach § 1586 vermöge des Urtheils auf Aufhebung der ehelichen Gemeinschaft die mit der Scheidung verbundenen Wirkungen, also der Frau gegenüber auch der Verlust des gesetzlichen Wohnsitzes, eintreten.

Ein eheliches Kind theilt den Wohnsitz des Vaters, ein uneheliches Kind den Wohnsitz der Mutter, ein an Kindesstatt angenommenes Kind den Wohnsitz des Annehmenden. Das Kind behält den Wohnsitz, bis es ihn rechtsgültig aufgiebt. Eine erst nach dem Eintritte der Volljährigkeit des Kindes erfolgende Legitimation oder Annahme an Kindesstatt hat keinen Einfluß auf den Wohnsitz des Kindes.[15])

Der allgemeine Gerichtsstand einer Person, welche keinen Wohnsitz hat, wird durch den Aufenthaltsort im Deutschen Reich, und wenn ein solcher nicht bekannt ist, durch den letzten Wohnsitz bestimmt.[16]) Nach dem Erkenntniß des Reichsgerichts vom 15. Januar 1891[17]) ist diese Vorschrift dahin zu verstehen, daß der allgemeine Gerichtsstand einer Person, in Beziehung auf welche auf den nach Lage der Sache vernünftigerweise einzuschlagenden Wegen kein gegenwärtiger Wohnsitz und auch kein im Deutschen Reich gelegener Aufenthaltsort zu ermitteln ist, durch den letzten bekannten Wohnsitz bestimmt werden soll.

In Ergänzung der vorstehend angeführten, den Gerichtsstand regelnden allgemeinen Vorschriften des BGB. und der CPO. ist sodann im § 648 Abs. 2 CPO. für das Entmündigungsverfahren gegen Deutsche, welche im Inlande keinen allgemeinen Gerichtsstand haben, die besondere Bestimmung getroffen, daß der Antrag auf Entmündigung solcher Deutscher bei dem Amtsgericht gestellt werden kann, in dessen Bezirk der zu Entmündigende seinen letzten Wohnsitz im Inlande hatte. In Ermangelung eines solchen Wohnsitzes gilt auch hier die Hauptstadt des Heimathsstaates als Wohnsitz. Ist die Hauptstadt in mehrere Gerichtsbezirke getheilt, so wird der als Wohnsitz geltende Bezirk von der Landesjustizverwaltung durch allgemeine Anordnung bestimmt. Gehört der zu Entmündigende einem Bundesstaate nicht an, so gilt als sein Wohnsitz die Stadt Berlin, und wenn dieselbe in mehrere Gerichtsbezirke getheilt ist, so wird der als Wohnsitz geltende Bezirk von dem Reichskanzler durch allgemeine Anordnung bestimmt.

---

14) § 10 BGB. Vergl. § 1354 Abs. 2 ebenda.
15) § 11 BGB.
16) § 16 CPO.
17) EC. 27, 400.

Wenn der zu Entmündigende, was nach § 7 Abs. 2 BGB. zulässig ist, gleichzeitig an mehreren Orten seinen Wohnsitz hat, so kann die konkurrirende Zuständigkeit der Amtsgerichte der verschiedenen Wohnsitze nicht wohl in Zweifel gezogen werden. Obwohl es an einer ausdrücklichen dahin gehenden Bestimmung fehlt, muß in diesen Fällen in analoger Anwendung des § 35 CPO. dem Antragsteller die Wahl unter den mehreren zuständigen Amtsgerichten gestattet werden.

Im Uebrigen ist eine Prorogation des Gerichtsstandes für das Entmündigungsverfahren ausgeschlossen. Die Vereinbarung eines anderen, als des im § 648 CPO. bestimmten Gerichtsstandes würde mit einem Geisteskranken oder Geistesschwachen kaum zu ermöglichen sein und in allen Fällen die Wahrnehmung des öffentlichen Interesses bedeutend erschweren.

Ausländer können nach Art. 8 des Einführungsgesetzes zum BGB. nach den deutschen Gesetzen entmündigt werden, wenn sie ihren Wohnsitz oder, falls sie keinen Wohnsitz haben, ihren Aufenthalt im Inlande haben. Durch den Ort des Wohnsitzes oder des Aufenthalts wird alsdann die Zuständigkeit des Amtsgerichts für das Entmündigungsverfahren begründet.

Nach der Einleitung des Verfahrens kann das Gericht, wenn es mit Rücksicht auf die Verhältnisse des zu Entmündigenden erforderlich erscheint, die Verhandlung und Entscheidung demjenigen Amtsgericht überweisen, in dessen Bezirke der zu Entmündigende sich aufhält [18]). Die CPO. hat diese Ueberweisung namentlich für diejenigen Fälle für geboten erachtet, in denen die unter Umständen ausschlaggebende persönliche Vernehmung des zu Entmündigenden nicht vor dem nach § 648 zur Entscheidung berufenen Gericht erfolgen kann, weil der Kranke durch seinen Zustand an einen Ort gebunden ist, der sich außerhalb des Bezirks des Gerichts befindet.

Da jedoch die Ueberweisung eben wesentlich den Zweck verfolgt, eine Vernehmung des zu Entmündigenden durch das entscheidende Gericht zu sichern, ist ihre Statthaftigkeit ausgeschlossen, wenn das Gericht, von welchem die Ueberweisung auszugehen hätte, sich bereits der Vernehmung unterzogen hat. [19])

Wenn nach der Uebernahme des Verfahrens durch das Gericht, an welches die Ueberweisung erfolgt ist, ein Wechsel im Aufenthaltsort des zu Entmündigenden eintritt, so ist dieses Gericht auch zu einer weiteren Ueberweisung befugt, so lange es nicht den zu Entmündigenden bereits vernommen hat. [20])

Lehnt ein Gericht die ihm angesonnene Uebernahme des Verfahrens ab, so wird die Entscheidung von dem im Instanzenzuge zunächst höheren Gericht, also, wie in den Fällen des § 36 Nr. 2 ff. CPO., von dem gemeinschaftlichen übergeordneten Gericht getroffen. [21])

---

[18]) § 650 Abs. 1 CPO.
[19]) § 650 Abs. 2 CPO. Vergl. § 654 Abs. 1 ebenda.
[20]) § 651 CPO.
[21]) § 650 Abs. 3, § 651 CPO.

§ 4.
Die Antragsberechtigung.

Die gesetzlichen Bestimmungen über die Berechtigung zur Stellung des Antrags auf Entmündigung einer Person wegen Geisteskrankheit oder wegen Geistesschwäche sind im § 646 CPO. enthalten. Danach sind zunächst gewisse Privatpersonen und neben diesen zugleich der Staatsanwalt zur Antragstellung für befugt erklärt.

I. Die antragsberechtigten Privatpersonen.

Im Wesentlichen dem bisher geltenden Recht entsprechend, hat die Civilprozeßordnung die Berechtigung zur Stellung des Entmündigungsantrages dem Ehegatten, einem Verwandten und dem gesetzlichen Vertreter des zu Entmündigenden ertheilt.

Unter den Verwandten kommt es auf den Grad der Verwandtschaft nicht an; der nähere Verwandte schließt den entfernteren von der Antragsstellung nicht aus. Von einem Verwandten kann der Antrag auf Entmündigung jedoch nicht gegen eine Person gestellt werden, die unter elterlicher Gewalt oder unter Vormundschaft steht, und gegen eine Ehefrau dürfen Verwandte einen Entmündigungsantrag nur stellen, wenn auf Aufhebung der ehelichen Gemeinschaft erkannt ist oder wenn der Ehemann die Ehefrau verlassen hat oder zur Stellung des Entmündigungsantrages dauernd außer Stande oder sein Aufenthalt dauernd unbekannt ist.[22])

Gesetzliche Vertreter sind nach der Ausdrucksweise des Bürgerlichen Gesetzbuchs außer dem Vormund der Vater oder die Mutter als Inhaber der elterlichen Gewalt, sowie der Pfleger. Da die Entmündigung vorzugsweise die Person des zu Entmündigenden trifft, ist das Antragsrecht des gesetzlichen Vertreters jedoch davon abhängig gemacht, daß ihm die Sorge für die Person zusteht. Ob dies der Fall, wird in jedem einzelnen Fall einer besonderen Prüfung unterliegen müssen.[23])

Der Vater und die Mutter haben, wenn ihnen die Sorge für die Person zusteht, ein selbstständiges Antragsrecht, wie jeder andere gesetzliche Vertreter; sie sind deßhalb auch nicht an die Beschränkungen gebunden, denen sonst das Antragsrecht der Verwandten unterliegt.[24])

Hinsichtlich der unter elterlicher Gewalt oder unter Vormundschaft stehenden Personen ist, wie bereits bemerkt, nur das Antragsrecht der Verwandten ausgeschlossen. Die Entmündigung einer unter elterlicher Gewalt oder unter Vormundschaft stehenden Ehefrau kann deßhalb sowohl von dem Ehemann als auch von dem gesetzlichen Vertreter, welchem die Sorge für die Person der Frau zusteht, beantragt werden. In der Begründung des Gesetzentwurfs, betreffend Aenderungen der Civilprozeßordnung, wird in dieser Beziehung hervorgehoben, daß die Antragsberechtigung des gesetzlichen Vertreters dem Standpunkt des Bürgerlichen Ge-

[22]) § 646 Abs. 1 CPO.
[23]) § 646 Abs. 1 CPO.
[24]) S. oben Abs. 3.

setzbuchs entspricht, wonach das Recht und die Pflicht der Sorge für die Person einer unter elterlicher Gewalt oder unter Vormundschaft stehenden Ehefrau zwischen dem gesetzlichen Vertreter und dem Ehemanne getheilt ist.[25]) Andererseits ist, wenn ein Ehemann unter Vormundschaft steht, nicht nur der Vormund, sondern auch die Ehefrau zu dem Antrag auf Entmündigung berechtigt, da die letztere hier, namentlich mit Rücksicht auf das eheliche Güterrecht ein eigenes Interesse daran haben kann, daß die Entmündigung rechtzeitig herbeigeführt werde.[26])

II. Die Antragsberechtigung des Staatsanwalts.

Durch die Vorschrift des § 646 Abs. 2 CPO. ist dem Staatsanwalt bei dem Landgericht, welches dem für die Entmündigung zuständigen Amtsgericht vorgesetzt ist, die Befugniß gegeben, in allen Fällen, d. h. ohne Rücksicht auf die Antragsberechtigung der im § 646 Abs. 1 CPO. bezeichneten Privatpersonen die Entmündigung einer Person wegen Geisteskrankheit oder wegen Geistesschwäche bei dem zuständigen Amtsgericht in Antrag zu bringen.

Als selbstverständlich wird hierbei vorausgesetzt, daß der Staatsanwalt von dem Vorhandensein der Geisteskrankheit auf irgend eine Weise Kenntniß erhält.

Die Fälle, in denen die Angehörigen des Geisteskranken oder Geistesschwachen selbst von dem Zustande desselben dem Staatsanwalt direkte Mittheilung zugehen lassen, werden sicher nur selten sich ereignen, und deßhalb muß der Staat, da er die Familie zu einer solchen Mittheilung nicht wohl zwingen kann, wenigstens den zur Unterbringung von Geisteskranken oder Geistesschwachen bestimmten öffentlichen und Privatanstalten die Verpflichtung auferlegen, von jeder Aufnahme einer geistig erkrankten Person dem zuständigen Staatsanwalt Anzeige zu machen.

Dies ist denn auch in den meisten deutschen Staaten geschehen, indem zum Theil eine solche Anzeige direkt vorgeschrieben, zum Theil durch Verwaltungsanordnungen dafür Sorge getragen ist, daß der Staatsanwalt durch Vermittelung der Polizeibehörden oder der Vormundschaftsbehörden von dem Vorhandensein der Geisteskrankheit Kenntniß erhält. In Preußen insbesondere haben die Minister des Innern und der geistlichen, Unterrichts- und Medizinal-Angelegenheiten durch Runderlaß vom 6. December 1879 den Unternehmern von Privatirrenanstalten zur Pflicht gemacht, sobald sie die Unheilbarkeit eines in der Anstalt Aufgenommenen erkannt haben, hiervon dem zuständigen Staatsanwalt unverzüglich Anzeige zu erstatten, und in dem Runderlaß der vorgenannten Minister vom 24. September 1880 sind auch die Direktionen der öffentlichen Provinzial-Irrenanstalten darauf hingewiesen, daß sie fortan dem zuständigen Staatsanwalt die in den verschiedenen Reglements vorgesehenen Anzeigen über die Aufnahme von Personen in diese Anstalten zu machen haben. Im § 8 der von den Ministern der Justiz, des Innern und der geistlichen, Unter-

[25]) Vergl. §§ 1627, 1631—1633, 1800, 1897 BGB.
[26]) Vergl. §§ 1418 Nr. 3, 4; 1542 Abs. 1 BGB.

richts- und Medizinal-Angelegenheiten unter dem 20. September 1895 über die Aufnahme und Entlassung von Geisteskranken, Idioten und Epileptischen in und aus Privatirrenanstalten erlassenen Anweisung sind endlich die Unternehmer der letztgedachten Anstalten angewiesen, die Aufnahme nicht entmündigter Kranken binnen 24 Stunden dem Ersten Staatsanwalt desjenigen Gerichts, welches für die Entmündigung des Kranken zuständig ist, oder falls dieses Gericht unbekannt ist, dem Ersten Staatsanwalt desjenigen Gerichts anzuzeigen, in dessen Bezirk die Anstalt liegt.[27])

In Folge einer jeden bei ihm eingehenden Anzeige von der Aufnahme eines Geisteskranken in eine öffentliche oder Privat-Irrenanstalt erwächst nun für den Staatsanwalt das Recht und zugleich die Amtspflicht, selbstständig und ohne Rücksicht auf die Möglichkeit einer Antragstellung von anderer Seite zu prüfen, ob das öffentliche Interesse oder das gefährdete Privatinteresse des Geisteskranken seine Mitwirkung erfordert.

Die Civilprozeßordnung hat es vermieden, besondere Vorschriften oder auch nur Andeutungen über die Gesichtspunkte zu geben, welche den Staatsanwalt bei Prüfung der Nothwendigkeit einer Antragstellung von seiner Seite leiten sollen. Soweit in dieser Beziehung landesgesetzliche Vorschriften nicht bestehen, hat der Staatsanwalt vorwiegend folgende Punkte in Erwägung zu ziehen.

1. Vor Allem ist festzustellen, ob eine zur Stellung des Entmündigungsantrags ausreichende Gewißheit vorhandener Geisteskrankheit oder Geistesschwäche vorliegt. Der Umstand allein, daß der Kranke zu seiner Heilung in eine öffentliche oder Privat-Irrenanstalt aufgenommen ist, kann die Stellung eines Entmündigungsantrags nicht rechtfertigen. In der preußischen Cirkularverfügung der Minister des Innern und der geistlichen, Unterrichts- und Medizinal-Angelegenheiten vom 16. Februar 1839[28]) ist zutreffend hervorgehoben, daß eine zu frühzeitige Gemüthszustands-Untersuchung bei dem nach ärztlichem Zeugniß noch nicht als unheilbar erkannten Gemüthskranken, abgesehen von dem ungünstigen Einflusse, welchen jede von mehreren Personen vorgenommene amtliche Untersuchung auf den Gemüthszustand eines Kranken und dessen Heilung in der Regel haben wird, zu dem Uebelstande führt, daß bei erfolgender Wiederherstellung dem Kranken oder dessen Angehörigen unnütze Kosten verursacht werden, und daß die Publizität, welche die Geisteskrankheit durch ein gerichtliches Verfahren unwillkürlich erhält, dem Kranken nach seiner Wiederherstellung bei Verfolgung seines Berufes hinderlich werden kann.

Der Regel nach und wo nicht etwa besondere Gründe für die Annahme vorliegen, daß der Kranke zu Unrecht in einer Irrenanstalt festgehalten wird, muß der Staatsanwalt daher von der Stellung eines Entmündigungsantrages so lange Abstand nehmen, als noch begründete Aussicht auf Heilung vorhanden ist. Der Staatsanwalt wird in solchen

---

[27]) Vergl. Unger, Die Irrengesetzgebung in Preußen. Berlin 1898, S. 20, 21, 82.
[28]) Vergl. Unger, a. a. O., S. 19. Preuß. JMBl. 1839, S. 102.

Fällen durch Einforderung ärztlicher Zeugnisse oder sonst auf andere Art von Zeit zu Zeit über die fortschreitende Besserung oder eine eingetretene Verschlimmerung der geistigen Erkrankung sich unterrichten müssen, um im geeigneten Zeitpunkt, d. h. wenn eine andauernde Geisteskrankheit oder Geistesschwäche durch ärztlichen Ausspruch mit Gewißheit festgestellt ist, den Entmündigungsantrag stellen zu können. In Preußen sind die Beamten der Staatsanwaltschaft durch die Allgemeine Verfügung des Justizministers vom 10. Februar 1880 [29]) darauf aufmerksam gemacht, daß die oben erwähnte Cirkular-Verfügung vom 16. Februar 1839 es zwar für zulässig erkläre, bezüglich der als unheilbar noch nicht erkannten Geisteskranken, welche in Irrenanstalten gebracht sind und dort verbleiben sollen, nicht sogleich die Einleitung des gerichtlichen Verfahrens zu beantragen, daß jedoch, um eine etwaige ungerechtfertigte Einsperrung von Personen in Privat-Irrenanstalten thunlichst zu verhüten, die Stellung des Entmündigungsantrags nicht ungebührlich verzögert werden dürfe.

Jedenfalls kann die absolute Unheilbarkeit der Geisteskrankheit oder Geistesschwäche als unerläßliche Vorbedingung der Antragstellung niemals erfordert werden.

2. Falls eine ausreichende Gewißheit vorhandener andauernder Geisteskrankheit oder Geistesschwäche vorliegt, kommen bei Prüfung der Nothwendigkeit des Entmündigungsantrags folgende weitere Gesichtspunkte in Betracht. Es ist zu prüfen und, soweit erforderlich, durch geeignete Ermittelung festzustellen,

a) ob die Geisteskrankheit oder Geistesschwäche von der Art und Bedeutung ist, daß der Kranke seinen Mitmenschen zur Last fällt, die öffentliche Sicherheit oder Sittlichkeit gefährdet und demnach derartig gemeingefährlich ist, daß seine Entmündigung zum Zwecke der dauernden Unterbringung in einer Irrenanstalt erforderlich erscheint;

b) ob die hülflose Lage des Kranken den dauernden Schutz eines Vormundes erforderlich macht, oder ob andererseits der Kranke im Familienkreise oder durch Vermittelung seiner Angehörigen in einer Irrenanstalt oder dergleichen gesicherte Aufnahme und Pflege findet, so daß es einer förmlichen gerichtlichen Entmündigung nicht bedarf, oder ob endlich

c) der Kranke Vermögen besitzt oder zu erwarten hat, zu dessen eigener Verwaltung er unfähig geworden ist, und bei dessen Verlust er seinen Verwandten oder der Armenpflege zur Last fallen würde.

Je nach dem Ergebniß dieser Erwägungen hat der Staatsanwalt den Antrag auf Entmündigung zu stellen oder von dieser Antragstellung Abstand zu nehmen. Die im § 646 CPO. hinsichtlich der Entmündigung der unter elterlicher Gewalt oder unter Vormundschaft stehenden Personen und hinsichtlich der Entmündigung der Ehefrau aufgestellten Beschränkungen

---

[29]) Vergl. Unger, a. a. O., S. 21. Preuß. JMBl. 1880, S. 28.

sind für die Antragsberechtigung des Staatsanwalts bedeutungslos. Der Staatsanwalt ist nach dem klaren Wortlaut des § 646 Abs. 2 CPO. in allen Fällen befugt, den Antrag auf Entmündigung einer Person wegen Geisteskrankheit oder wegen Geistesschwäche zu stellen, kann also auch stets ohne Weiteres die Entmündigung einer Ehefrau und einer unter elterlicher Gewalt oder unter Vormundschaft stehenden Person beantragen und ist insbesondere in diesen Fällen nicht verpflichtet, zunächst abzuwarten, ob Seitens des Ehemannes, der Eltern oder des Vormundes der Entmündigungsantrag gestellt wird. Wenn vor der staatsanwaltschaftlichen Entschließung bereits von einer Privatperson der Entmündigungsantrag gestellt ist, so bleibt es dem Staatsanwalt immer noch unbenommen, falls er es im öffentlichen Interesse oder andererseits auch zum Schutze des Kranken für erforderlich erachtet, in Gemäßheit des § 652 CPO. das Entmündigungsverfahren seinerseits durch Stellung von Anträgen zu betreiben. In welcher Weise er in diesen Fällen verfahren kann, soll später näher erörtert werden.

Im Allgemeinen soll hier nur noch hervorgehoben werden, daß das Antragsrecht der im § 646 Abs. 1 CPO. bezeichneten Personen und des Staatsanwalts keineswegs ein subsidiäres ist, sondern jedem Antragsberechtigten in gleichem Umfange gebührt. Hinsichtlich des Staatsanwalts ist dies bereits oben angedeutet. Selbstverständlich kann aber gegen eine und dieselbe Person stets nur ein Entmündigungsverfahren bei Gericht anhängig sein. Wenn einer von mehreren Antragsberechtigten die Entmündigung beantragt hat, so können jedoch die übrigen Antragsberechtigten dem anhängigen Verfahren gewissermaßen als Intervenienten beitreten und auch ihrerseits Anträge auf Erhebung bestimmter Beweise oder dergleichen stellen. Das Gericht ist allerdings an diese Anträge ebensowenig wie an die Anträge des eigentlichen Antragstellers gebunden.

§ 5.

Der Entmündigungsantrag.*)

I. Form des Antrags.

Der Entmündigungsantrag kann nach § 647 CPO. entweder bei dem Amtsgericht schriftlich eingereicht oder zum Protokoll des Gerichtsschreibers angebracht werden.

Es entspricht dies den im § 496 CPO. über die Anbringung einer Klage bei dem Amtsgericht getroffenen allgemeinen Bestimmungen.

Zwischen den von dem Staatsanwalt und den von einer Privatperson zu stellenden Entmündigungsanträgen besteht hinsichtlich der Form kein Unterschied.

---

*) Ein Musterbeispiel eines Entmündigungsantrages s. in der Anlage.

Die Vertretung durch einen Rechtsanwalt ist nicht geboten, der Antrag kann jedoch auch von einem Bevollmächtigten gestellt werden. Bevollmächtigter kann jede prozeßfähige Person sein; der Bevollmächtigte hat die Bevollmächtigung durch eine schriftliche, speciell auf die Befugniß zur Stellung des Entmündigungsantrags lautende [30]) Vollmacht nachzuweisen und die letztere zu den Gerichtsakten abzugeben. [31]) Das Gericht hat den Mangel der Vollmacht von Amtswegen zu berücksichtigen. [32])

II. Inhalt des Antrags.

Der Entmündigungsantrag soll nach § 647 CPO. eine Angabe der ihn begründenden Thatsachen und die Bezeichnung der Beweismittel enthalten.

Es entspricht dies den im § 130 Ziff. 1, 2, 3 und 5 CPO. über den vorbereitenden Inhalt der Klageschrift getroffenen allgemeinen Bestimmungen.

Aus dem im § 647 CPO. gebrauchten Ausdruck „soll" ergiebt sich übrigens, daß die oben angeführte Vorschrift der Civilprozeßordnung nur eine instruktionelle Bedeutung hat, und daß demzufolge die Nichtbeobachtung derselben auf die Wirkung des Entmündigungsantrags und auf das weitere Verfahren ohne Einfluß ist. Die Praxis läßt deßhalb auch nicht selten Anträge zu, welche inhaltlich der Vorschrift des § 647 CPO. nicht entsprechen; zur Vermeidung der Zurückweisung eines solchen Antrags ist es jedoch dem Antragsteller dringend zu empfehlen, die Bestimmung des § 647 CPO. zu beachten.

Ein ordnungsmäßiger Entmündigungsantrag muß enthalten:

1. die Bezeichnung des Antragstellers und des zu Entmündigenden nach Namen, Stand oder Gewerbe und Wohn- bezw. Aufenthaltsort, die Bezeichnung des Amtsgerichts, welches das Entmündigungsverfahren einleiten soll, sowie die Zahl etwaiger Anlagen;
2. die Angabe der zur Begründung des Entmündigungsantrags dienenden Thatsachen.

Zur Begründung des Entmündigungsantrags gehört vor Allem die Angabe derjenigen Thatsachen, aus denen sich die Antragsberechtigung nach § 646 CPO. ergiebt. Nothwendig ist alsdann die Anführung derjenigen Thatsachen, aus welchen die Zuständigkeit des angegangenen Amtsgerichts für den vorliegenden Fall zu entnehmen ist (§ 648 CPO. S. oben S. 11), und endlich muß der Antrag auch bestimmte Thatsachen enthalten, aus welchen mit Wahrscheinlichkeit auf das Vorhandensein einer Geisteskrankheit oder Geistesschwäche des zu Entmündigenden geschlossen werden kann. Die bloße Behauptung, daß der letztere in Geisteskrankheit verfallen oder geistesschwach sei, wird in dieser letzteren Beziehung der Regel nach nicht genügen können, wenn nicht etwa die Geisteskrankheit

---

[30]) Eine Generalvollmacht genügt nicht.
[31]) Vergl. § 80 Abs. 1 CPO.
[32]) Vergl. § 88 Abs. 2 CPO.

oder Geistesschwäche der betreffenden Person gerichtskundig oder aus der inzwischen erfolgten Aufnahme in eine öffentliche oder Privat-Irrenanstalt oder sonst aus mitüberreichten ärztlichen Zeugnissen und dergleichen zu entnehmen ist;

3. die Bezeichnung der Beweismittel, welcher sich der Antragsteller zum Beweise seiner thatsächlichen Behauptungen bedienen will.

In der Wahl der Beweismittel ist dem Antragsteller vollkommen freie Hand gelassen. Die Beweismittel sollen entweder die zur Begründung der Antragsberechtigung und der Gerichtszuständigkeit angeführten Thatsachen oder die behauptete Geisteskrankheit oder Geistesschwäche nachweisen.

In ersterer Beziehung kommen standesamtliche und polizeiliche Zeugnisse, Kirchenatteste, Heimathsscheine, vormundschaftliche Bestallungen u. s. w. in Betracht; zum Erweise des Wohnsitzes oder des Aufenthalts des zu Entmündigenden wird auch die einfache Bezugnahme auf ortspolizeiliche Auskunft genügen. Zum Beweise der Geisteskrankheit oder Geistesschwäche reicht an und für sich die Bezugnahme auf das sachverständige Gutachten eines Anstaltsarztes, des behandelnden Arztes oder auch ganz allgemein eines gerichtlichen Sachverständigen vollkommen aus. Das Amtsgericht kann allerdings nach § 649 CPO. vor Einleitung des Entmündigungsverfahrens stets die Beibringung eines ärztlichen Zeugnisses anordnen und wird von dieser Befugniß sicher in der überwiegenden Mehrzahl der Fälle Gebrauch machen. Zur Vermeidung von Weiterungen wird der Antragsteller daher zweckmäßig seinem Antrag, soweit dies möglich, von vornherein ein ärztliches Zeugniß über den Geisteszustand des zu Entmündigenden beifügen müssen.

Selbstverständlich können auch Zeugen über das Benehmen des zu Entmündigenden, über die wahrscheinliche Ursache und die bisherige Dauer der Krankheit, über die etwaige Einwirkung von Familienverhältnissen, Unglücksfällen u. dergl. benannt und Urkunden beigebracht werden, welche über die Veranlassung der Geisteskrankheit, z. B. unglückliche Liebe, verunglückte geschäftliche Unternehmungen u. s. w. Aufschluß geben sollen;

4. einen bestimmten Entmündigungsantrag.

Die Formulirung desselben wird, je nachdem es sich um einen Geisteskranken oder einen nur Geistesschwachen handelt, verschieden sein und dahin lauten müssen, diejenige Person, deren Geisteskrankheit oder Geistesschwäche behauptet wird, wegen Geisteskrankheit oder wegen Geistesschwäche zu entmündigen (§ 645 Abs. 1 CPO.).

III. Zurücknahme des Antrags.

Die Zurücknahme des Entmündigungsantrags ist zulässig. Es liegt zwar auf der Hand, daß dies an und für sich dem Prinzip der Offizialthätigkeit des Gerichts, welches sonst dem amtsgerichtlichen Entmündigungsverfahren zu Grunde liegt, wenig entspricht; die Civilprozeßordnung hat jedoch die Zurücknahme nirgends verboten, und auch die Motive und die Verhandlungen der Justizkommission bieten nicht den geringsten Anhalt für eine gegentheilige Annahme. Insbesondere kann die in der Justizkommission von einem Mitgliede derselben gemachte Bemerkung, daß das Verfahren der Entmündigung, sobald einmal ein Antrag gestellt worden, von den Anträgen des Antragstellers unabhängig sei, daß der Richter von Amtswegen Beweiserhebungen anordnen und derjenige, welcher den Antrag gestellt habe, das Verfahren nicht sistiren könne, für die Unzulässigkeit der Zurücknahme des Entmündigungsverfahrens umsoweniger herangezogen werden, als dieselbe bei Erörterung des Kostenpunktes gefallen ist und sich keineswegs direkt gegen die Zulässigkeit der Zurücknahme richtete. Es sind auch in der That immerhin Fälle denkbar, in denen es, wie z. B. bei inzwischen eingetretener Genesung des zu Entmündigenden, dringend im Interesse der Familie des letzteren und in dessen eigenem Interesse liegt, das gerichtliche Entmündigungsverfahren möglichst bald beendigt zu sehen. Zu diesem Zwecke wird sicher die Zurücknahme des Antrags am geeignetsten sein. Daß übrigens auch das BGB. eine Zurücknahme des Entmündigungsantrags für zulässig erachtet, ergiebt sich aus § 1908 Abs. 1, in welchem bestimmt ist, daß die vorläufige Vormundschaft über einen Volljährigen, dessen Entmündigung beantragt ist, mit der Rücknahme oder der rechtskräftigen Abweisung des Entmündigungsantrags endigen soll.

Die Zurücknahme des Entmündigungsantrags kann selbstverständlich nur durch denjenigen erfolgen, welcher den Antrag selbst gestellt hat; sie muß jedenfalls, wenn sie überhaupt wirksam sein soll, vor der im § 660 CPO. angeordneten Mittheilung des Entmündigungsbeschlusses an die Vormundschaftsbehörde geschehen. Ebenso wie jede Privatperson, welche Antragsteller war, kann auch der Staatsanwalt den von ihm gestellten Antrag zurücknehmen. Die Zurücknahme des Antrags hat die Einstellung des Verfahrens zur Folge; dem Staatsanwalt muß es jedoch stets unbenommen sein, den von einer Privatperson gestellten und später zurückgenommenen Antrag zu jeder Zeit seinerseits wieder aufzunehmen und damit das Verfahren von Neuem zu betreiben.

Der Tod des Antragstellers hindert die Fortsetzung des Verfahrens und den Erlaß des Entmündigungsbeschlusses nicht, dagegen muß das Verfahren selbstverständlich eingestellt werden, sobald der zu Entmündigende selbst mit Tode abgegangen ist.

§ 6.

Die Prüfung des Entmündigungsantrags und die Einleitung des Entmündigungsverfahrens. Anordnung provisorischer Fürsorge und vorläufige Vormundschaft.

I. Prüfung des Entmündigungsantrags.

Nach Eingang eines Entmündigungsantrags hat das Amtsgericht vor Einleitung des Entmündigungsverfahrens die Zulässigkeit und Begründung des Antrags von Amtswegen zu prüfen.

Die Prüfung des Gerichts wird sich vor Allem darauf erstrecken müssen, ob nach den Bestimmungen des § 648 CPO. seine eigene Zuständigkeit für die Einleitung und Durchführung des beantragten Entmündigungsverfahrens überhaupt begründet ist. Es sind in dieser Beziehung die oben im § 3 erörterten Grundsätze zu beachten. Alsdann unterliegt der richterlichen Prüfung die Berechtigung des Antragstellers zur Stellung des Entmündigungsantrags im vorliegenden Fall, wobei selbstverständlich ebensowohl die Legitimation des den Antrag stellenden Staatsanwalts wie diejenige eines jeden anderen Antragstellers zu prüfen ist. In dieser Beziehung sind die oben im § 4 näher erörterten Vorschriften des § 648 CPO. zu berücksichtigen. Wenn der Entmündigungsantrag von einem Bevollmächtigten des eigentlichen Antragsberechtigten gestellt ist, so hat das Amtsgericht außerdem von Amtswegen einer Prüfung der Vollmacht des Bevollmächtigten sich zu unterziehen. Einer besonderen, eingehenden Prüfung bedürfen endlich die von dem Antragsteller zur Begründung seines Antrags angeführten Thatsachen und die von ihm bezeichneten Beweismittel. Oft genug werden bei dem Amtsgericht Entmündigungsanträge eingehen, aus denen bestimmte Thatsachen, welche auf das Vorhandensein einer Geisteskrankheit oder Geistesschwäche mit einiger Wahrscheinlichkeit schließen lassen, überhaupt nicht zu entnehmen sind, oder in welchen zum Beweise des angeblich bestehenden Leidens auf absolut ungeeignete Beweismittel Bezug genommen wird.

Behufs Ergänzung und Verbesserung solcher mangelhaften Anträge kann das Amtsgericht vor Einleitung des eigentlichen Entmündigungsverfahrens unbedenklich mündlich oder schriftlich mit den Antragstellern verhandeln. Im § 649 CPO. ist, wie bereits oben erwähnt ist, dem Amtsgericht insbesondere die Befugniß gegeben, vor Einleitung des Verfahrens die Beibringung eines ärztlichen Zeugnisses über den Geisteszustand des zu Entmündigenden anzuordnen.

II. Sofortige Zurückweisung des Entmündigungsantrags.

Andererseits kann aber das Amtsgericht auch unzweifelhaft jeden in irgend einer Beziehung den gesetzlichen Erfordernissen nach Form und Inhalt nicht entsprechenden Entmündigungsantrag ohne Weiteres zurückweisen. Insbesondere bedarf es zu einer solchen Zurückweisung nicht der vorherigen Anhörung von Sachverständigen, da eine solche nur als unumgängliche Vorbedingung des die Entmündigung aussprechenden Beschlusses vorgeschrieben ist.

Die Zurückweisung eines unbegründeten Antrags erfolgt durch Beschluß, für dessen Form besondere Vorschriften nicht gegeben sind.

Der Beschluß ist dem Antragsteller, dem Staatsanwalt und auch demjenigen, dessen Entmündigung beantragt war, von Amtswegen zuzustellen.[33]) Die Zustellung an den Staatsanwalt ist auch dann zu be-

---

[33]) Vergl. §§ 659, 662 CPO.

wirken, wenn derselbe nicht Antragsteller war. Es ist dies eine nothwendige Folge des dem Staatsanwalt im § 663 Abs. 1 CPO. gegebenen Beschwerderechts, und was die Zustellung an denjenigen anlangt, dessen Entmündigung beantragt war, so wird es in der Begründung des § 662 CPO. als eine durch die Sachlage gebotene Rücksicht bezeichnet, daß der letztere in zuverlässiger Weise von der Ablehnung Kenntniß erhält.

Die Zustellung selbst erfolgt nach den Vorschriften der §§ 170ff. CPO. durch den Gerichtsschreiber.

III. Beschwerde gegen den zurückweisenden Beschluß.

Gegen den die Einleitung des Entmündigungsverfahrens ablehnenden Beschluß steht nach § 663 Abs. 1 CPO. dem Antragsteller und dem Staatsanwalt die sofortige Beschwerde zu.

Eine Anfechtung im Wege der Klage, wie solche gegen den die Entmündigung aussprechenden Beschluß im § 664 CPO. gegeben ist, findet nicht statt.

Die sofortige Beschwerde ist binnen einer Nothfrist von zwei Wochen,[34]) welche für den Antragsteller und für den Staatsanwalt mit der Zustellung des Beschlusses beginnt, einzulegen. Beschwerdegericht ist das Landgericht; die Einlegung der Beschwerde bei dem letzteren genügt zur Wahrung der Nothfrist, auch wenn der Fall für dringlich nicht erachtet wird. Das Amtsgericht ist zu einer Abänderung seines durch Beschwerde angegriffenen Beschlusses nicht befugt.

In dem Verfahren vor dem Beschwerdegericht finden die Vorschriften der §§ 652, 653 CPO. entsprechende Anwendung.[35])

IV. Einleitung des Verfahrens.

Wenn Gründe für die sofortige Zurückweisung des Entmündigungsantrags nicht vorhanden sind, so hat das Amtsgericht das Entmündigungsverfahren einzuleiten.

Eines besonderen, förmlichen Beschlusses, wie solcher z. B. bei Einleitung des Aufgebotsverfahrens erforderlich ist, bedarf es nicht, und ebensowenig ist es nöthig, dem Antragsteller von der erfolgten Einleitung des Verfahrens besondere Nachricht zu geben.

Dagegen ist von der Einleitung des Verfahrens der Staatsanwalt in Kenntniß zu setzen, um demselben die rechtzeitige Wahrnehmung der ihm im § 652 CPO. gegebenen Befugnisse zu ermöglichen.[36])

---

[34]) In Betreff der Nothfrist vergl. die §§ 223, 224, 233 und 251 CPO. Eine Begriffsbestimmung der Nothfrist ist in der Civilprozeßordnung nicht enthalten; charakteristische Merkmale derselben sind, daß sie durch Vereinbarung der Parteien nicht verlängert oder verkürzt werden kann, und daß gegen ihren Ablauf die Wiedereinsetzung in den vorigen Stand stattfindet.

[35]) Vergl. § 663 Abs. 2 CPO.

[36]) Vergl. § 652 CPO. In Betreff der Entmündigung von geisteskranken Russischen Unterthanen hat die Kaiserl. Russische Regierung mittels Ukases v. 13. (28.) März 1861 bestimmt, daß die bezüglich der Untersuchung und Fest=

V. Ueberweisung an ein anderes Gericht.

Das Amtsgericht kann nach der Einleitung des Verfahrens, wenn es mit Rücksicht auf die Verhältnisse des zu Entmündigenden erforderlich erscheint und eine Vernehmung des zu Entmündigenden noch nicht stattgefunden hat, die Verhandlung und Entscheidung dem Amtsgericht überweisen, in dessen Bezirk der zu Entmündigende sich aufhält.

Wird die Uebernahme abgelehnt, so entscheidet das im Instanzenzuge zunächst höhere Gericht.[37])

Wenn nach der Uebernahme des Verfahrens durch das Gericht, an welches die Ueberweisung erfolgt ist, ein Wechsel im Aufenthaltsorte des zu Entmündigenden eintritt, so ist dieses Gericht zu einer weiteren Ueberweisung befugt.

Die Vorschriften des § 650 finden entsprechende Anwendung.[38])

Von jeder Ueberweisung ist der zuständige Staatsanwalt (S. 16) in Kenntniß zu setzen.[39])

VI. Anordnung provisorischer Fürsorge und vorläufige Vormundschaft.

Sobald das Amtsgericht die Anordnung einer Fürsorge für die Person oder das Vermögen des zu Entmündigenden für erforderlich hält, ist nach der Bestimmung des § 657 CPO. der Vormundschaftsbehörde zum Zwecke dieser Anordnung Mittheilung zu machen.

Das Amtsgericht wird diese Frage zweckmäßig sogleich bei Einleitung des Entmündigungsverfahrens prüfen, doch ist selbstverständlich diese Prüfung auch in jedem ferneren Stadium des Verfahrens zulässig und geboten.

Welche Behörde in den einzelnen Bundesstaaten unter der „Vormundschaftsbehörde" zu verstehen sei, bestimmt die Civilprozeß-

---

stellung des Gemüthszustandes der im Auslande von einer Geisteskrankheit befallenen russischen Unterthanen nach den Gesetzen des Landes, in welchem sie sich befinden, aufzunehmenden Akte zu ihrer gesetzlichen Gültigkeit in Rußland der Mitwirkung eines Abgeordneten oder Bevollmächtigten der in dem betreffenden Lande bestehenden russischen Gesandtschaft oder des daselbst errichteten russischen Konsulats bedürfen. (Erl. d. preuß. Min. des Inneren v. 21. Januar 1861 bei Unger, Irrengesetzgebung, S. 28). Durch Runderlaß des preuß. Justizministers v. 11. Dezember 1860 (Just.-Min.Bl. S. 459) ist dementsprechend die Anordnung getroffen, daß die Gerichte im vorkommenden Fall dem Ministerium der Auswärtigen Angelegenheiten behufs der weiteren Veranlassung in Betreff der von der russischen Gesandtschaft oder dem russischen Konsulate abzuordnenden Bevollmächtigten von Einleitung des Entmündigungsverfahrens Anzeige zu erstatten und bei den Verhandlungen selbst, deren Leitung übrigens dem preußischen Richter verbleibt, die Bevollmächtigten zuzulassen haben.

In Preußen ist übrigens, wenn gegen eine aktive Militärperson ein Entmündigungsverfahren wegen Geisteskrankheit eingeleitet ist, von dieser Einleitung in Gemäßheit der Verf. des Justizministers v. 16. Oktober 1826 auch der betreffenden Militärbehörde Nachricht zu geben. (Jahrb. Bd. 28, S. 296.)

[37]) Vergl. § 650 CPO.

[38]) Vergl. § 651 CPO.

[39]) Vergl. § 652 CPO.

ordnung nicht, und auch das Bügerliche Gesetzbuch enthält keine Vorschrift darüber, welche Gerichte die Geschäfte der Vormundschaftsbehörden wahrzunehmen haben. Dagegen hat das Reichsgesetz über die Angelegenheiten der freiwilligen Gerichtsbarkeit vom 17. Mai 1898 im § 35 bestimmt, daß für die dem Vormundschaftsgericht obliegenden Verrichtungen die Amtsgerichte zuständig sein sollen. Für die Vormundschaft ist nach § 36 dieses Gesetzes dasjenige Amtsgericht zuständig, in dessen Bezirke der Mündel zu der Zeit, zu welcher die Anordnung der Vormundschaft erforderlich wird, seinen Wohnsitz oder in Ermangelung eines inländischen Wohnsitzes seinen Aufenthalt hat.[40]) Ist der Mündel ein Deutscher und hat er im Inlande weder Wohnsitz noch Aufenthalt, so ist das Gericht zuständig, in dessen Bezirke der Mündel seinen letzten inländischen Wohnsitz hatte. In Ermangelung eines solchen Wohnsitzes wird das zuständige Gericht, falls der Mündel einem Bundesstaat angehört, von der Landesjustizverwaltung, andererseits von dem Reichskanzler bestimmt.[41])

Nach Art. 147 des Einführungsgesetzes zum Bürgerlichen Gesetzbuch bleiben übrigens die landesgesetzlichen Vorschriften unberührt, nach welchen für die dem Vormundschaftsgericht obliegenden Verpflichtungen andere als gerichtliche Behörden zuständig sind.

Was die Vormundschaftsbehörde nach erlangter Kenntniß von dem eingeleiteten Entmündigungsverfahren Zwecks Anordnung einer Fürsorge für die Person oder das Vermögen des zu Entmündigenden zu thun hat, ergiebt sich vor Allem aus den Vorschriften des § 1906 und des § 1909 BGB., welche bestimmen, daß ein Volljähriger, dessen Entmündigung beantragt ist, unter **vorläufige Vormundschaft** gestellt werden kann, wenn das Vormundschaftsgericht es zur Abwendung einer erheblichen Gefährdung der Person oder des Vermögens des Volljährigen für erforderlich

---

[40]) Wegen des Begriffs des Wohnsitzes vergl. oben § 3, S. 11 ff..

[41]) Vergl. § 36 Abs. 2 Ges. v. 17. Mai 1898.

[42]) Die §§ 1906—1908 BGB. lauten:

§ 1906: Ein Volljähriger, dessen Entmündigung beantragt ist, kann unter vorläufige Vormundschaft gestellt werden, wenn das Vormundschaftsgericht es zur Abwendung einer erheblichen Gefährdung der Person oder des Vermögens des Volljährigen für erforderlich erachtet.

§ 1907: Die Vorschriften über die Berufung zur Vormundschaft gelten nicht für die vorläufige Vormundschaft.

§ 1908: Die vorläufige Vormundschaft endigt mit der Rücknahme oder der rechtskräftigen Abweisung des Antrags auf Entmündigung.

Erfolgt die Entmündigung, so endigt die vorläufige Vormundschaft, wenn auf Grund der Entmündigung ein Vormund bestellt wird.

Die vorläufige Vormundschaft ist von dem Vormundschaftsgericht aufzuheben, wenn der Mündel des vorläufigen vormundschaftlichen Schutzes nicht mehr bedürftig ist.

Vergl. hierzu § 52 Ges. v. 17. Mai 1898 über die Angelegenheiten der freiwilligen Gerichtsbarkeit: „Eine Verfügung, durch die ein Volljähriger unter vorläufige Vormundschaft gestellt wird, tritt, wenn die Entmündigung wegen Geisteskrankheit beantragt ist, mit der Bestellung des Vormundes, wenn die Entmündigung wegen Geistesschwäche beantragt ist, mit der Bekanntmachung an den zu Entmündigenden, eine Verfügung, durch die eine vorläufige Vormundschaft aufgehoben wird, tritt mit der Bekanntmachung an den Mündel in Wirksamkeit." Wegen der **Beschwerde** vergl. § 60 Nr. 5 a. a. O.: „Die sofortige Beschwerde findet statt gegen erachtet (§ 1906) [42]), und daß derjenige, welcher unter elterlicher Gewalt oder unter Vormundschaft steht, für Angelegenheiten, an deren Besorgung der Gewalthaber oder der Vormund verhindert ist, einen Pfleger erhalten soll (§ 1909).

Das Entmündigungsgericht als solches hat sich jedenfalls der Bestellung eines besonderen Beistandes für den zu Entmündigenden zu enthalten. In der Kommission zur Berathung des Entwurfes eines Gesetzes, betreffend Aenderungen der CPO. sind allerdings verschiedene Anträge dahin gestellt worden, daß nach Einleitung des Entmündigungsverfahrens dem zu Entmündigenden jedenfalls dann, wenn er keinen gesetzlichen Vertreter habe, ein geeigneter bezw. rechtskundiger Beistand von Amtswegen zugeordnet werden solle. Gegen alle diese Anträge haben jedoch die Vertreter der verbündeten Regierungen mit Recht geltend gemacht, daß überall da, wo sich bei Einleitung oder im Laufe des Entmündigungsverfahrens das Bedürfniß nach einem besonderen Beistand ergebe, die vorläufige Vormundschaft des § 1906, eventuell die Pflegschaft der §§ 1909 ff. BGB. eine vollkommen ausreichende Abhülfe gewähre. Wenn die erste eine „erhebliche Gefährdung der Person oder des Vermögens" voraussetze, so sei eine solche gegenüber einer drohenden Entmündigung, wenn nicht immer, so doch jedenfalls in irgendwie zweifelhaften Fällen als gegeben anzunehmen, und wenn man neben dem vorläufigen Vormund oder dem Pfleger noch eine Art prozessualen Beistandes gesetzlich vorsehen wolle, so ergebe sich die Schwierigkeit, die Funktionen des einen und des anderen scharf abzugrenzen, damit nicht die Vorschriften des BGB. auf einem wichtigen Gebiete verdunkelt würden. Nachdem die Kommission nahezu einmüthig der Auffassung beigetreten war, daß in allen irgendwie zweifelhaften Fällen die oben angezogenen Bestimmungen des BGB. Platz zu greifen hätten, und damit ein hinreichender Schutz für den zu Entmündigenden geboten sei, wurden sämmtliche auf Bestellung eines Beistandes durch den Entmündigungsrichter gestellten Anträge zurückgezogen.

Bei dieser Gelegenheit ist aber zugleich ausdrücklich anerkannt, daß das Gericht im Entmündigungsverfahren Rechtsanwälte oder andere Bevollmächtigte als Beistände des zu Entmündigenden nicht zurückweisen darf,

---

eine Verfügung, durch die ein Volljähriger unter vorläufige Vormundschaft gestellt wird", und in Betreff der Wirkung der Aufhebung einer vorläufigen Vormundschaft auf die inzwischen vorgenommenen Rechtsgeschäfte § 61 a. a. O.: „Wird eine Verfügung, durch die ein Volljähriger unter vorläufige Vormundschaft gestellt ist, von dem Beschwerdegericht aufgehoben, so kann die Wirksamkeit der von oder gegenüber dem Volljährigen vorgenommenen Rechtsgeschäfte nicht auf Grund der aufgehobenen Verfügung in Frage gestellt werden." Vergl. § 115 BGB.: „Wird ein die Entmündigung aussprechender Beschluß in Folge einer Anfechtungsklage aufgehoben, so kann die Wirksamkeit der von oder gegenüber dem Entmündigten vorgenommenen Rechtsgeschäfte nicht auf Grund des Beschlusses in Frage gestellt werden. Auf die Wirksamkeit der von oder gegenüber dem gesetzlichen Vertreter vorgenommenen Rechtsgeschäfte hat die Aufhebung keinen Einfluß.

Diese Vorschriften finden entsprechende Anwendung, wenn im Falle einer vorläufigen Vormundschaft der Antrag auf Entmündigung zurückgenommen oder rechtskräftig abgewiesen oder der die Entmündigung aussprechende Beschluß in Folge einer Anfechtungsklage aufgehoben wird."

da dies, wenn der zu Entmündigende auch keine Partei im technischen Sinne sein möge, dem Geiste der Prozeßordnung nicht entspreche.

§ 7.

Das amtsgerichtliche Ermittelungsverfahren im Allgemeinen.

Für das nach Einleitung des Entmündigungsverfahrens vom Amtsgericht weiter zu beobachtende Verfahren enthalten die §§ 653 bis 656 CPO. in Verbindung mit § 172 Abs. 2 Ger. Verf. Ges. die maßgebenden Bestimmungen.

Das dem ganzen Verfahren zu Grunde liegende Prinzip der Offizialthätigkeit des Gerichts ist im § 653 Abs. 1 CPO. dahin ausgesprochen, daß das Gericht unter Benutzung der in dem Entmündigungsantrag angegebenen Thatsachen und Beweismittel von Amtswegen die zur Feststellung des Geisteszustandes erforderlichen Ermittelungen veranstalten und die erheblich erscheinenden Beweise aufnehmen soll.

Das gerichtliche Verfahren bezweckt lediglich die Feststellung des Geisteszustandes einer Person. Um zu einer solchen Feststellung zu gelangen, hat das Gericht, sobald es den Entmündigungsantrag überhaupt für zulässig erklärt hat, von Amtswegen alle erforderlichen Ermittelungen, insbesondere die Aufnahme der erheblich erscheinenden [43]) Beweise anzuordnen. Zuvor hat das Gericht überdies dem zu Entmündigenden selbst Gelegenheit zur Bezeichnung von Beweismitteln zu geben, desgleichen demjenigen gesetzlichen Vertreter desselben, welchem die Sorge für die Person zusteht, sofern derselbe nicht schon als Antragsteller an dem Verfahren betheiligt ist. In der Begründung des § 653 Abs. 1 CPO. ist mit Recht hervorgehoben, daß diese letztere Vorschrift namentlich für den Fall Bedeutung hat, daß gemäß § 1906 BGB. nach erfolgter Einleitung des Entmündigungsverfahrens eine vorläufige Vormundschaft über den zu Entmündigenden eingeleitet ist. Im Uebrigen ist das Gericht an die Beweisanträge des Antragstellers oder des zu Entmündigenden und seines gesetzlichen Vertreters in keiner Weise gebunden; die von den letzteren angeführten Thatsachen und Beweismittel werden ihm jedoch der Regel nach den nächsten Anhalt für die von Amtswegen anzustellenden Ermittelungen bieten.

I. Eid. Anerkenntniß. Geständniß.

Daß für die richterliche Untersuchung die Anwendung des Parteieides von vornherein ausgeschlossen ist, liegt auf der Hand. Das Entmündigungsverfahren ist kein Prozeßverfahren zwischen zwei sich gegenüber stehenden Parteien; eine Eideszuschiebung ist deßhalb selbstverständlich unmöglich, und ebensowenig kann von Auferlegung eines richterlichen

---

[43]) Nach dem früheren § 597 CPO. sollte das Gericht nur die „geeignet erscheinenden" Beweismittel aufnehmen.

Eides die Rede sein. Desgleichen können die Grundsätze der CPO. über Anerkenntnisse, Geständnisse und Versäumnisse offenbar nicht zur Anwendung gebracht werden.

II. Urkunden. Zeugen.

Das Gericht kann die Vorlegung und Prüfung von Urkunden anordnen und die Vernehmung von Zeugen veranlassen.

Urkunden werden bei Geisteskranken oft über die Veranlassung der Krankheit z. B. unglückliche Liebe, verunglückte Spekulationen, gebrauchte ärztliche Hülfe u. s. w. Aufschluß geben können, und Liman[44]) empfiehlt mit Recht, bei Gemüthsuntersuchungen das Studium von Schriftstücken der Geisteskranken, wenn irgend möglich, nicht zu vernachlässigen. Der letztere hebt in Uebereinstimmung mit Marcé[45]) insbesondere hervor, daß in einer großen Anzahl von Fällen die von Geisteskranken herrührenden Schriftstücke die Diagnose zu unterstützen im Stande sind, im anderen allein ausreichen, das Bestehen von Wahnvorstellungen nachzuweisen.

Für die Vernehmung und Beeidigung von Zeugen kommen die Bestimmungen im siebenten und achten Titel des ersten Abschnitts des zweiten Buches der CPO. zur Anwendung. Die Anordnung der Haft im Falle des § 390 CPO. kann von Amtswegen erfolgen.[46]) Daß auch der Antragsteller und, wenn seine Vernehmung erheblich erscheint, auch der gesetzliche Vertreter des zu Entmündigenden als Zeuge vernommen und beeidet werden kann, unterliegt keinem Bedenken.

III. Persönliche Vernehmung des zu Entmündigenden. Anhörung von Sachverständigen. Unterbringung des zu Entmündigenden in einer Heilanstalt zur Feststellung des Geisteszustandes.

Das Gericht soll der Regel nach den zu Entmündigenden unter Zuziehung eines oder mehrerer Sachverständigen persönlich vernehmen.[47])

Die Entmündigung darf nicht ausgesprochen werden, bevor das Gericht einen oder mehrere Sachverständige über den Geisteszustand des zu Entmündigenden gehört hat.[48])

Mit Zustimmung des Antragstellers kann das Gericht anordnen, daß der zu Entmündigende zur Feststellung des Geisteszustandes in eine Heilanstalt gebracht werde.[49])

Diese Punkte sollen in den folgenden Paragraphen ausführlich behandelt werden.

---

[44]) Vergl. Caspar-Liman, Handbuch der gerichtl. Medizin, 7. Aufl. I S. 449.

[45]) Vergl. Marcé, De la valeur des écrits des aliénés au point de vue de la sémiologie et de la med. légale. Annales d'hygiène publ. 1864.

[46]) § 653 Abs. 2 CPO.

[47]) § 654 CPO.

[48]) § 655 CPO.

[49]) § 656 CPO.

IV. Ausschließung der Oeffentlichkeit.

Das amtsgerichtliche Verfahren wegen Entmündigung ist nicht öffentlich und zwar absolut, so daß auch der Entmündigungsbeschluß nicht in öffentlicher Sitzung verkündet werden darf. Die Bestimmung des § 174 GVG., nach welcher im nicht öffentlichen Verfahren die Verkündung des Urtheils in jedem Fall öffentlich erfolgen soll, bezieht sich nur auf Urtheile, nicht auf bloße Beschlüsse.

Auch der Antragsteller und der gesetzliche Vertreter des zu Entmündigenden haben kein Recht, den Verhandlungen beizuwohnen.

Dagegen ist dem Staatsanwalt, als dem Vertreter des öffentlichen Interesse, die Anwesenheit bei allen Verhandlungen stets zu gestatten. Das Recht desselben, den Terminen beizuwohnen, ist gegenüber einzelnen in der Praxis hervorgetretenen Zweifeln durch § 652 CPO. ausdrücklich sicher gestellt. Gerade in den Verhandlungen selbst wird der Staatsanwalt am ehesten Veranlassung finden, von der ihm zustehenden Befugniß, das Verfahren durch Stellung von Anträgen zu betreiben, Gebrauch machen zu können.*)

V. Mitwirkung des Staatsanwalts.

Nach der bereits mehrfach erwähnten Bestimmung des § 652 CPO. kann der Staatsanwalt in allen Fällen, d. h. mag die Entmündigung von ihm selbst oder von einer Privatperson beantragt sein, das Verfahren durch Stellung von Anträgen betreiben und den Terminen beiwohnen.

Ob der Staatsanwalt von dieser seiner Befugniß Gebrauch machen will, steht lediglich in seinem Ermessen; seine Mitwirkung ist nicht obligatorisch. Wenn er selbst die Entmündigung beantragt hat, so wird er es sich auch angelegen sein lassen, erforderlichen Falls das Verfahren im öffentlichen Interesse weiter zu betreiben, und wenn das Verfahren von anderer Seite beantragt ist, so werden für seine Mitwirkung ebenfalls die oben (S. 17) bei Erörterung seiner Antragsberechtigung dargelegten Gesichtspunkte maßgebend sein.

Um dem Staatsanwalt für alle Fälle die rechtzeitige Wahrnehmung seiner Befugnisse zu ermöglichen, muß das Amtsgericht ihn von der Einleitung des Verfahrens (S. 24), sowie von einer nach den §§ 650, 651 CPO. erfolgten Ueberweisung der Verhandlung und Entscheidung an ein anderes Amtsgericht und von allen Terminen in Kenntniß setzen.[50])

Im Uebrigen ist die Mitwirkung des Staatsanwalts auf die Stellung von Anträgen beschränkt, die sich im Einzelnen auf die Vernehmung bebestimmter Zeugen und Sachverständigen, Vorlegung von Urkunden, Unterbringung des zu Entmündigenden in einer Heilanstalt behufs Feststellung des Geisteszustandes, Anordnung einer Fürsorge für die Person oder das Vermögen des zu Entmündigenden, beschleunigte Anberaumung

---

*) Wegen der Zulassung eines Bevollmächtigten der russischen Gesandtschaft oder des russischen Konsulats bei den Verhandlungen betr. die Entmündigung Russischer Unterthanen s. oben S. 24, 25.

[50]) Vergl. § 652 CPO.

von Terminen u. s. w. beziehen können. Das Gericht ist jedoch an die Anträge des Staatsanwalts nicht gebunden; die letzteren sollen und können lediglich dazu dienen, die Offizialthätigkeit des Gerichts in dieser oder jener Richtung anzuregen. [51])

§ 8.

Die persönliche Vernehmung des zu Entmündigenden.

Nach der Bestimmung des § 654 CPO. ist der zu Entmündigende im amtsgerichtlichen Verfahren persönlich unter Zuziehung eines oder mehrerer Sachverständiger zu vernehmen.

Die persönliche Vernehmung soll dem zu Entmündigenden einen ganz besonderen Schutz gewähren; sie soll deßhalb bei allen Entmündigungen wegen Geisteskrankheit oder Geistesschwäche die Regel bilden.

Das Gericht kann, um sie vorzunehmen, die Vorführung des zu Entmündigenden anordnen, [52]) die Vernehmung aber auch durch einen ersuchten Richter bewirken lassen. [53])

Die Vernehmung darf nicht aus dem Grunde unterlassen werden, weil sie als unerheblich für die Entscheidung erachtet wird, sie darf vielmehr nach der bestimmten Vorschrift des § 654 Abs. 3 CPO. nur dann unterbleiben, wenn sie mit besonderen Schwierigkeiten verbunden oder nicht ohne Nachtheil für den Gesundheitszustand des zu Entmündigenden ausführbar ist. [54])

Ob ein Nachtheil für den Gesundheitszustand zu befürchten ist, wird das Gericht nur nach Anhörung eines Sachverständigen entscheiden können. In der überwiegenden Mehrzahl der Fälle wird eine derartige Befürchtung allerdings nicht obwalten, und wenn das Gericht nicht von vornherein durch den Inhalt ärztlicher Zeugnisse oder sonst von Seiten eines Sachverständigen auf eine der Gesundheit des zu Entmündigenden drohende Gefahr hingewiesen wird, muß es unbedenklich stets zur persönlichen Vernehmung des zu Entmündigenden schreiten, die naturgemäß eine der wichtigsten Grundlagen für das Gutachten der Sachverständigen und das gesammte Entmündigungsverfahren bildet.

In Betreff der erschwerten Ausführbarkeit der persönlichen Vernehmung kommen namentlich solche Fälle in Betracht, in denen wegen Tobsucht und dergl. die persönliche Vernehmung des zu Entmündigenden

---

[51]) Daß dem Staatsanwalt stets das Recht der Akteneinsicht zustehen muß, braucht kaum besonders hervorgehoben zu werden. Ueber das Recht des Staatsanwalts, den von einer Privatperson gestellten, später zurückgenommenen Antrag wieder aufzunehmen, vergl. oben S. 19.

[52]) Vergl. § 654 Abs. 1 CPO.

[53]) Vergl. § 654 Abs. 2 CPO.

[54]) In Preußen sind die Gerichte durch die Allgemeine Verfügung des Justizministers v. 10. Mai 1887 — I 1663 — angewiesen, in denjenigen Fällen, wo in Gemäßheit des § 654 Abs. 3 CPO. die persönliche Vernehmung des zu Entmündigenden unterbleibt, den Grund hierfür aktenkundig zu machen.

nur mit besonderen Schwierigkeiten zu bewirken oder voraussichtlich durchaus ergebnißlos bleiben würde. Insbesondere kann die weite Entfernung des augenblicklichen Aufenthaltsorts des Geisteskranken (Heilanstalt u. s. w.) vom Sitze des zuständigen Amtsgerichts keinen Grund abgeben, von der persönlichen Vernehmung des zu Entmündigenden Abstand zu nehmen, da die Civilprozeßordnung selbst, wie bereits erwähnt, für diese Fälle die Vernehmung durch einen ersuchten Richter gestattet hat, so daß von „besonderen Schwierigkeiten" hier nicht die Rede sein kann.[55])

Der ersuchte Richter hat selbstverständlich die von ihm übernommene Vernehmung des zu Entmündigenden ebenfalls unter Zuziehung eines oder mehrerer Sachverständiger zu bewirken; er kann jedoch ebenfalls von der Vernehmung Abstand nehmen, wenn sie nach seiner, im gegebenen Fall auf das Gutachten eines Sachverständigen gestützten Ansicht mit besonderen Schwierigkeiten verbunden oder nicht ohne Nachtheil für den Gesundheitszustand des zu Entmündigenden ausführbar ist.

Ueber den Ort, an welchem die persönliche Vernehmung des zu Entmündigenden stattfinden soll, über die Wahl der zuzuziehenden Sachverständigen und die Art und Weise, in welcher die persönliche Vernehmung selbst zu bewirken ist, hat die Civilprozeßordnung keine besonderen Vorschriften gegeben. Insoweit daher nicht die eigenthümliche Natur des Entmündigungsverfahrens wegen Geisteskrankheit selbst und die allgemeinen Bestimmungen der Civilprozeßordnung über die Aufnahme der Protokolle, den Beweis durch Sachverständige u. s. w. in dieser Beziehung einen Anhalt gewähren, bewendet es bei den in den einzelnen deutschen Staaten bestehenden diesbezüglichen Bestimmungen. In anerkennenswerther Vollkommenheit sind solche allerdings bisher nur in Preußen, und zwar hier bis in die neueste Zeit hinein, erlassen worden. Die oberste Medizinalbehörde ist in Preußen im Verein mit dem Justizminister von jeher darauf bedacht gewesen, die gerichtlichen Gemüthszustands-Untersuchungen auch für die medizinische Wissenschaft nutzbar zu machen, und diesem sicherlich gerechtfertigten Bestreben verdankt eine Anzahl von Spezialbestimmungen ihre Entstehung, welche zum größten Theil auf wissenschaftlichen Grundlagen beruhen und deßhalb auch unstreitig von allgemeinerer, über die Grenzen Preußens hinausgehender Bedeutung sind, wie sich im Verlauf der folgenden Darstellung mehrfach ergeben wird.

I. Ort der Vernehmung.

Was zunächst den Ort anlangt, an welchem die persönliche Vernehmung des zu Entmündigenden stattfinden soll, so kann es einem Bedenken nicht unterliegen, daß der Kranke aus Rücksicht für seinen Gesundheitszustand und im Interesse der Erforschung der Wahrheit der Regel nach und soweit nicht ganz besondere Gründe eine Ausnahme rechtfertigen, nicht an Gerichtsstelle, sondern an seinem gewohnten Aufenthaltsort

---

[55]) Vergl. hierzu § 158 GVG.: „Das Ersuchen um Rechtshülfe ist an das Amtsgericht zu richten, in dessen Bezirk die Amtshandlung vorgenommen werden soll."

(Wohnung, Irrenanstalt u. s. w.) vernommen werden muß. In der Justizkommission wurde in dieser Beziehung besonders hervorgehoben,[56]) daß in vielen Fällen von heilbarer Geisteskrankheit dem Geisteskranken die Reise nach dem Gerichtssitze und die Vernehmung vor dem Gerichte nachtheiliger sein würde, als vielen anderen Kranken und selbst einem Typhuskranken, und daß man nicht in der Absicht, die persönliche Freiheit des Menschen zu schützen, dessen geistige Gesundheit gefährden, ihn unheilbar und damit geistig todt machen dürfe. Die Regierungskommissarien und die Subkommission waren denn auch darüber vollkommen einig, daß die persönliche Vernehmung des zu Entmündigenden regelmäßig am Orte seines Aufenthalts, nicht am Gerichtssitze geschehen solle, und daß diese Vernehmung nur ausnahmsweise in Fällen, in denen ärztliche Bedenken nicht vorlägen, an der Gerichtsstelle stattfinden dürfe.

In Preußen besteht in dieser Beziehung seit langer Zeit eine besondere, den obigen Grundsätzen durchaus entsprechende Vorschrift. Es war hier früher üblich, den zu Entmündigenden im Gerichtslokal zu vernehmen. Die großen Uebelstände, welche aus diesem Verfahren entstanden, führten jedoch bereits im Jahre 1834 zu dem Erlasse einer allgemeinen Anordnung,[57]), in welcher ausdrücklich hervorgehoben wird, daß der Zweck der persönlichen Vernehmung gemüthskranker Personen nicht selten dadurch ganz verfehlt worden sei, daß Gerichtsbehörden die letzteren zu gerichtsärztlichen Untersuchungen nach anderen Orten gesandt hätten. „Es erscheint deßhalb als nothwendig," so heißt es wörtlich, „daß die Gemüthszustands-Untersuchungen künftig nur an dem Wohnorte des Provokaten vorgenommen werden. Denn abgesehen davon, daß die zur vollständigen Untersuchung und Beurtheilung des Zustandes der Kranken oft nöthige Vernehmung von Zeugen, als Verwandten, Hausgenossen, Nachbarn rc. an einem anderen Orte nicht wohl möglich ist, kann die Entfernung von gewohnten Verhältnissen und Umgebungen, das gewöhnlich unpassende Verfahren bei dem Transporte der Provokaten und die Unterbringung derselben in Lokalen, die zur Abhaltung eines Termins nicht geeignet sind, deren natürlichen Krankheitszustand in dem Grade anders erscheinen lassen, daß eine vollständige Untersuchung und Beurtheilung in termino gar nicht möglich ist. Noch mehr wird dies der Fall sein, wenn, wie nicht selten geschehen ist, die Untersuchung in dem gewöhnlichen Geschäftszimmer, in Abwesenheit vieler Menschen, streitender Parteien, also unter sehr störenden Umgebungen und in Eile vorgenommen wird. Eine gerichtliche Gemüthszustands-Untersuchung nimmt die ungetheilte Aufmerksamkeit und Besonnenheit des Geistes der Sachverständigen in Anspruch

---

[56]) Prot. S. 302.

[57]) Reskript des Min. der geistl. rc. Angelegenheiten v. 25. Oktober 1834, die am Wohnorte der Provakaten vorzunehmende Gemüthszustands-Untersuchung betreffend (Rönne und Simon, das Medizinalwesen des Preuß. Staates II, 1846 S. 545). Vergl. Reskr. v. 12. September 1834 (Jahrb. Bd. 47 S. 92) und Min.-Verf. v. 14. Dezember 1852, die am Wohnorte des Provokaten vorzunehmende Gemüthszustands-Untersuchung betreffend (Eulenberg, Das Medizinalwesen in Preußen. 1874. S. 282).

und verlangt schon deßhalb zur Abhaltung des Termins ein ruhiges, abgesondertes Lokal, jedenfalls aber wenigstens die Entfernung aller äußeren Veranlassungen, welche eine genügende Untersuchung hindern können, da oft genug innere Ursachen obwalten, welche sich einer der Schwierigkeit und Wichtigkeit des Gegenstandes angemessenen gründlichen Untersuchung und Beurtheilung entgegenstellen."

II. Die Wahl der Sachverständigen. Gebühren derselben.

Die Civilprozeßordnung hat im § 654 Abs. 1 nur die allgemeine Vorschrift aufgestellt, daß das Gericht bei der persönlichen Vernehmung des zu Entmündigenden einen oder mehrere Sachverständige zuziehen soll. Es bleibt deßhalb vollkommen in das Ermessen des Gerichts gestellt, unter den am Sitze bezw. im Bezirke desselben wohnenden oder sonst vom Antragsteller vorgeschlagenen Aerzten die geeignete Auswahl zu treffen. In analoger Anwendung des § 404 CPO.[58]) steht dem Gericht die freie Auswahl der zuzuziehenden Sachverständigen und die Bestimmung ihrer Anzahl zu; das Gericht kann sich auf die Zuziehung eines einzigen Sachverständigen beschränken und an Stelle des zuerst zugezogenen Sachverständigen stets auch einen anderen zuziehen. Eine gewisse Einschränkung erleidet diese freie Wahl allerdings durch die grundsätzlich auch im Entmündigungsverfahren zu beobachtende Vorschrift des § 404 Abs. 2 CPO., nach welcher, wenn für gewisse Arten von Gutachten Sachverständige öffentlich bestellt sind, andere Personen als Sachverständige nur dann gewählt werden sollen, wenn besondere Umstände es erfordern. Es ist diese Vorschrift s. Z. speziell mit Rücksicht auf die amtlichen Gerichtsärzte in die Civilprozeßordnung aufgenommen, und das Gericht wird deßhalb der Regel nach bei Gemüthszustands-Untersuchungen den innerhalb des Gerichtsbezirks angestellten Gerichtsarzt (Kreisphysikus ꝛc.) als Sachverständigen zuziehen müssen, wenn nicht besondere Umstände eine Ausnahme rechtfertigen. Solche besonderen Umstände sind nach der in der Justizkommission gegebenen Erläuterung namentlich auch dann als vorhanden anzusehen, wenn am Orte, wo der Gerichtsarzt seinen Sitz hat, ein besser geeigneter Spezialist sich befindet, oder wenn in größerer Nähe als der Gerichtsarzt ein Arzt vorhanden ist, welcher anerkanntermaßen gleiche oder größere Qualifikation für die Untersuchung zweifelhafter Gemüths-

---

[58]) Der § 404 CPO. lautet: „Die Auswahl der zuzuziehenden Sachverständigen und die Bestimmung ihrer Anzahl erfolgt durch das Prozeßgericht. Dasselbe kann sich auf die Ernennung eines einzigen Sachverständigen beschränken. Es kann an Stelle der zuerst ernannten Sachverständigen andere ernennen.

Sind für gewisse Arten von Gutachten Sachverständige öffentlich bestellt, so sollen andere Personen nur dann gewählt werden, wenn besondere Umstände es erfordern.

Das Gericht kann die Parteien auffordern, Personen zu bezeichnen, welche geeignet sind, als Sachverständige vernommen zu werden.

Einigen sich die Parteien über bestimmte Personen als Sachverständige, so hat das Gericht dieser Einigung Folge zu geben; das Gericht kann jedoch die Wahl der Parteien auf eine bestimmte Anzahl beschränken."

zustände besitzt. Dem richterlichen Ermessen ist also trotz der Vorschrift des § 404 Abs. 2 CPO. im einzelnen Fall stets noch genügender Spielraum gelassen, und die in der Justizkommission angeregte Befürchtung, daß durch § 404 Abs. 2 CPO. die besser geeigneten Spezialisten durch die oft viel weniger geeigneten Gerichtsphysici ausgeschlossen sein würden, hat sich in der Praxis sicherlich nicht bewahrheitet. In Preußen insbesondere ist der Zuziehung ungeeigneter Aerzte zu Gemüthszustands-Untersuchungen zweckmäßig vorgebeugt durch die Allgemeine Verfügung des Justizministers an die Justizbehörden vom 10. Mai 1887, in welcher bestimmt ist, daß die Wahl der Sachverständigen Seitens der Amtsgerichte in erster Linie auf solche Personen gerichtet werden soll, welche auf dem Gebiete der Irrenheilkunde den Ruf besonderer Erfahrung besitzen, und daß, wenn solche Personen nicht zu erreichen sind, die Wahl, wenn möglich, auf einen Kreisphysikus oder wenigstens einen pro physicatu geprüften Arzt gerichtet werden soll.

Jeder vom Gericht zum Sachverständigen ernannte und zur Theilnahme bei der persönlichen Vernehmung des zu Entmündigenden geladene Arzt hat nach der Bestimmung des § 407 CPO. der Ernennung bezw. Ladung Folge zu leisten, wenn er öffentlich bestellter Gerichtsarzt ist oder den ärztlichen Beruf öffentlich zum Erwerbe ausübt oder sich zur Erstattung eines Gutachtens im vorliegenden Fall vor Gericht [59]) bereit erklärt hat. Er kann sein Erscheinen in dem zur Vernehmung des zu Entmündigenden anberaumten Termin nur aus denselben Gründen verweigern, aus denen ein Zeuge sein Erscheinen in dem zu seiner Vernehmung anberaumten Termin verweigern kann,[60]) das Gericht kann ihn jedoch auch aus anderen Gründen vom Erscheinen entbinden z. B. wenn es die von dem Sachverständigen gegen seine Befähigung erhobenen Bedenken für begründet

---

[59]) d. h. auch wohl in dem bei Gericht eingegangenen Entmündigungsantrag.

[60]) Vergl. §§ 383—385 CPO., insbesondere § 383 Nr. 1—3:

Zur Verweigerung des Zeugnisses sind berechtigt:
1. der Verlobte einer Partei;
2. der Ehegatte einer Partei, auch wenn die Ehe nicht mehr besteht;
3. diejenigen, welche mit einer Partei in gerader Linie verwandt, verschwägert oder durch Adoption verbunden oder in der Seitenlinie bis zum dritten Grade verwandt oder bis zum zweiten Grade verschwägert sind, auch wenn die Ehe, durch welche die Schwägerschaft begründet ist, nicht mehr besteht.

Das Vorschützen unwahrer Thatsachen als Entschuldigung wird nach § 138 StrGB. mit Gefängniß bis zu zwei Monaten bestraft. — Ueber das Verfahren bei Geltendmachung der Weigerungsgründe vergl. §§ 386—389 CPO. Es soll hier nur hervorgehoben werden, daß der Sachverständige vor dem zur persönlichen Vernehmung des zu Entmündigenden anberaumten Termine schriftlich oder zum Protokoll des Gerichtsschreibers oder im Termine selbst die Thatsachen, auf welche er seine Weigerung gründet, anzugeben und glaubhaft zu machen hat und daß derselbe, wenn er seine Weigerung schriftlich oder zum Protokoll des Gerichtsschreibers erklärt hat, nicht verpflichtet ist, im Termine zu erscheinen. — Die gerichtliche Verhandlung und Entscheidung über die Rechtmäßigkeit der Weigerung ist gebührenfrei, falls sie nicht nach freier richterlicher Ueberzeugung muthwillig veranlaßt ist. Vergl. § 47 Nr. 7 Ger.Kost.Ges.

erachtet oder wenn das Erscheinen des Sachverständigen nachweisbar für denselben besondere Nachtheile mit sich führen würde.[61])

Wenn ein zum Erscheinen verpflichteter Arzt ohne genügende Entschuldigung ausbleibt, so wird er von Amtswegen in die durch sein Ausbleiben verursachten Kosten und zu einer Geldstrafe bis zu dreihundert Mark verurtheilt. Im Falle wiederholten Ausbleibens kann noch einmal eine Geldstrafe bis zu sechshundert Mark erkannt werden. Gegen den Beschluß findet Beschwerde statt.[62])

Der Sachverständige hat nach Maßgabe der Gebührenordnung auf Entschädigung für Zeitversäumniß, auf Erstattung der ihm verursachten Kosten und außerdem auf angemessene Vergütung seiner Mühewaltung Anspruch.

Die maßgebenden Vorschriften der §§ 3 bis 11, 13 bis 17 der Gebührenordnung für Zeugen und Sachverständige vom 30. Juni 1878 sind in der Anmerkung abgedruckt.[63]) Hier soll nur insbesondere auf die

---

[61]) Für Preußen ist hier noch zu bemerken, daß die Vorschrift des Anh. zur Allg. GO. § 285, nach welcher ein Arzt, der weder als Physikus, noch sonst gegen den Staat oder die Kommune in besonderen Pflichten steht, keine Verpflichtung hat, sich der Untersuchung des Gemüthszustandes einer Person zu unterziehen, durch § 407 CPO. selbstverständlich obsolet geworden ist.

[62]) Vergl. § 409 CPO. Im Falle des Unvermögens tritt keine Haft ein; zwangsweise Vorführung oder Zwangshaft ist nicht zulässig. Im Falle wiederholten Ausbleibens kann nur „noch einmal", also nicht zum dritten 2c. Mal, auf eine Geldstrafe bis sechshundert Mark erkannt werden.

[63]) Es lauten:

§ 3. Der Sachverständige erhält für seine Leistungen eine Vergütung nach Maßgabe der erforderlichen Zeitversäumniß im Betrage bis zu zwei Mark auf jede angefangene Stunde.

Die Vergütung ist unter Berücksichtigung der Erwerbsverhältnisse des Sachverständigen zu bemessen und für jeden Tag auf nicht mehr als zehn Stunden zu gewähren.

Außerdem sind dem Sachverständigen die auf die Vorbereitung des Gutachtens verwendeten Kosten, sowie die für eine Untersuchung verbrauchten Stoffe und Werkzeuge zu vergüten.

§ 4. Bei schwierigen Untersuchungen und Sachprüfungen ist dem Sachverständigen auf Verlangen für die aufgetragene Leistung eine Vergütung nach dem üblichen Preise derselben und für die außerdem stattfindende Theilnahme an Terminen die in § 3 bestimmte Vergütung zu gewähren.

§ 5. Als versäumt gilt für den Zeugen oder Sachverständigen auch die Zeit, während welcher er seine gewöhnliche Beschäftigung nicht wieder aufnehmen kann.

§ 6. Mußte der Zeuge oder Sachverständige außerhalb seines Aufenthaltsortes einen Weg bis zur Entfernung von mehr als zwei Kilometer zurücklegen, so ist ihm außer den nach §§ 2 5 zu bestimmenden Beträgen eine Entschädigung für die Reise und für den durch die Abwesenheit von dem Aufenthaltsorte verursachten Aufwand nach Maßgabe der folgenden Bestimmungen zu gewähren.

§ 7. Soweit nach den persönlichen Verhältnissen des Zeugen oder Sachverständigen oder nach äußeren Umständen die Benutzung von Transportmitteln für angemessen zu erachten ist, sind als Reiseentschädigung die nach billigem Ermessen in dem einzelnen Falle erforderlichen Kosten zu gewähren. In anderen Fällen beträgt die Reiseentschädigung für jedes angefangene Kilometer des Hinweges und des Rückweges fünf Pfennig.

§ 8. Die Entschädigung für den durch Abwesenheit von dem Aufenthaltsorte verursachten Aufwand ist nach den persönlichen Verhältnissen des Zeugen oder

Bestimmung des § 13 der Gebührenordnung verwiesen werden. Soweit danach für Aerzte besondere Taxvorschriften bestehen, welche an dem Orte des Gerichts, vor welches die Ladung erfolgt und an dem Aufenthaltsorte[64]) des Arztes gelten, kommen lediglich diese Vorschriften in An-

Sachverständigen zu bemessen, soll jedoch den Betrag von fünf Mark für jeden Tag, an welchem der Zeuge oder Sachverständige abwesend gewesen ist, und von drei Mark für jedes außerhalb genommene Nachtquartier nicht überschreiten.

§ 9. Mußte der Zeuge oder Sachverständige innerhalb seines Aufenthaltsortes einen Weg bis zu einer Entfernung von mehr als zwei Kilometer zurücklegen, so ist ihm für den ganzen zurückgelegten Weg eine Reiseentschädigung nach den Vorschriften des § 7 zu gewähren.

§ 10. Konnte der Zeuge oder Sachverständige den erforderlichen Weg ohne Benutzung von Transportmitteln nicht zurücklegen, so sind die nach billigem Ermessen erforderlichen Kosten auch außer den in den §§ 6, 9 bestimmten Fällen zu gewähren.

§ 11. Abgaben für die erforderliche Benutzung eines Weges sind in jedem Falle zu erstatten.

§ 13. Soweit für gewisse Arten von Sachverständigen besondere Taxvorschriften bestehen, welche an dem Orte des Gerichts, vor welches die Ladung erfolgt, und an dem Aufenthaltsorte des Sachverständigen gelten, kommen lediglich diese Vorschriften in Anwendung. Gelten solche Taxvorschriften nur an einem dieser Orte, oder gelten an demselben verschiedene Taxvorschriften, so kann der Sachverständige die Anwendung der ihm günstigeren Bestimmungen verlangen.

Dolmetscher erhalten Entschädigung als Sachverständige nach den Vorschriften dieses Gesetzes, sofern nicht ihre Leistungen zu den Pflichten eines von ihnen versehenen Amtes gehören.

§ 14. Oeffentliche Beamte erhalten Tagegelder und Erstattung von Reisekosten nach Maßgabe der für Dienstreisen geltenden Vorschriften, falls sie zugezogen werden:

1. als Zeugen über Umstände, von denen sie in Ausübung ihres Amtes Kenntniß erhalten haben;
2. als Sachverständige, wenn sie aus Veranlassung ihres Amtes zugezogen werden und die Ausübung der Wissenschaft, der Kunst oder des Gewerbes, deren Kenntniß Voraussetzung der Begutachtung ist, zu den Pflichten des von ihnen versehenen Amtes gehört.

Werden nach den Vorschriften dieses Paragraphen Tagegelder und Reisekosten gewährt, so findet eine weitere Vergütung an den Zeugen oder Sachverständigen nicht statt.

Die vorstehenden Bestimmungen finden auf Personen des Soldatenstandes entsprechende Anwendung.

§ 15. Ist ein Sachverständiger für die Erstattung von Gutachten im Allgemeinen beeidigt, so können die Gebühren für die bei bestimmten Gerichten vorkommenden Geschäfte durch Uebereinkommen bestimmt werden.

§ 16. Die Gebühren der Zeugen und Sachverständigen werden nur auf Verlangen derselben gewährt. Der Anspruch erlischt, wenn das Verlangen binnen drei Monaten nach Beendigung der Zuziehung oder Abgabe des Gutachtens bei dem zuständigen Gerichte nicht angebracht wird.

§ 17. Die einem Zeugen oder Sachverständigen zu gewährenden Beträge werden durch das Gericht oder den Richter, vor welchem die Verhandlung stattfindet, festgesetzt.

Sofern die Beträge aus der Staatskasse gezahlt und dieser nicht erstattet sind, kann die Festsetzung von dem Gericht oder dem Richter, durch welche sie erfolgt ist, sowie von dem Gerichte der höheren Instanz von Amtswegen berichtigt werden.

Gegen die Festsetzung findet Beschwerde nach Maßgabe des § 567 Abs. 2 und der §§ 568—575 der Civilprozeßordnung sowie des § 4 Abs. 3 des Gerichtskostengesetzes . . . statt.

[64]) Auf den Wohnort des Sachverständigen kommt es hier nicht an.

wendung. Wenn solche ärztlichen Taxvorschriften nur an einem dieser Orte gelten, oder wenn an demselben verschiedene Taxvorschriften gelten, so kann der als Sachverständiger zugezogene Arzt die Anwendung der ihm günstigeren Bestimmungen verlangen.[65])

Partikuläre für Besorgung ärztlicher Geschäfte bestehende Taxvorschriften, wie solche z. B. in Preußen, Württemberg und vielen anderen deutschen Staaten vorhanden sind, gehen deßhalb immer den Bestimmungen der Reichs-Gebührenordnung vor.

Für Preußen kommen in dieser Beziehung in Betracht das Gesetz, betreffend die den Medizinalbeamten für die Besorgung gerichtsärztlicher, medizinal- oder sanitätspolizeilicher Geschäfte zu gewährenden Vergütungen vom 9. März 1872 (GS. S. 265) und die Verordnung, betreffend die Tagegelder und Reisekosten der Medizinalbeamten vom 17. September 1876 (GS. S. 411). Danach haben zunächst die Medizinalbeamten, soweit sie nicht gemäß § 1 des Gesetzes vom 9. März 1872 oder durch bereits bestehende besondere Bestimmungen, oder vermöge privatrechtlichen Titels, zu unentgeltlicher Dienstleistung verpflichtet sind, für Abwartung des zur persönlichen Vernehmung des zu Entmündigenden anberaumten Termins 6 Mk. und, insofern dieser Termin über drei Stunden dauert, für jede folgende ganze oder angefangene Stunde 1,50 Mk. und für jedes mit wissenschaftlichen Gründen unterstützte, nicht bereits im Termin zu Protokoll gegebene Gutachten über den geistigen Zustand des zu Entmündigenden 6 bis 24 Mk. zu liquidiren. Die höheren Sätze sind insbesondere dann zu bewilligen, wenn eine zeitraubende Einsicht der Akten nothwendig war oder die Untersuchung die Anwendung besonders schwierig zu handhabender Instrumente erforderte. Sind zwei Medizinalbeamte zu einem gemeinschaftlichen Gutachten über den Geisteszustand eines Menschen aufgefordert, so erhält jeder derselben die obenerwähnte Gebühr. Wenn Medizinalbeamte sich zur Reinschrift ihrer Berichte oder Gutachten fremder Hülfe bedienen, so sind ihnen Kopialien zum Satze von 25 Pf. für den Bogen zu bewilligen. Für jeden behufs späterer Begutachtung des Geisteszustandes gemachten Vorbesuch wird eine Gebühr von 3 Mk. bewilligt, für mehr als drei Vorbesuche ist diese Gebühr jedoch nur insoweit zuzubilligen, als die Vorbesuche auf ausdrückliches Verlangen der ersuchenden Behörde gemacht worden sind. Wenn, was allerdings nur selten vorkommen wird, drei Vorbesuche nicht ausreichend gewesen sind, um den Arzt genügend zu informiren, und doch vom Gericht, welches diesen Umstand nicht wissen kann, an den Arzt keine Aufforderung zur Fortsetzung dieser Vorbesuche ergeht, so muß der letztere vom Gericht die Genehmigung zur Fortsetzung der Besuche besonders einholen (Kommissionsbericht S. 9).[66])

Die Frage, ob Medizinalbeamte auf Grund der Bestimmungen des Gesetzes vom 9. März 1872 für die in ihrer eigenen Wohnung empfangenen

---

[65]) Vergl. § 166 Abs. 2 Ger.Verf.Ges.

[66]) Der Min.-Erlaß v. 28. April 1887 erwartet von den als Sachverständigen zugezogenen Aerzten, daß sie nur die zu ihrer Information unerläßlichen Besuche machen und sich insbesondere bei unvermögenden Personen thunlichst auf einen Besuch beschränken werden.

Vorbesuche eine Vergütung zu beanspruchen haben, ist durch Beschluß des Reichsgerichts vom 6. Februar 1893 zur Entscheidung gelangt. Das Reichsgericht hat angenommen, daß, wenngleich das Gesetz vom 9. März 1872 für derartige vor dem Termine in der Behausung des Arztes selbst vorgenommenen Untersuchungen keine besondere Taxe aufstelle, für die Bemessung der Vergütung doch § 3 Nr. 1 des Gesetzes vom 9. März 1872 einen bestimmten Anhalt insofern gewähre, als die Gebühr für einen Termin mit der Dauer bis zu drei Stunden auf 6 Mk. und die Gebühr für die über die Grenzen eines solchen Termins hinausgehende Leistung auf 1,50 Mk. für jede folgende ganze oder angefangene Stunde festgesetzt sei. Mit Rücksicht hierauf ist es, so führt das Reichsgericht aus, als dem Sinne des Gesetzes entsprechend anzusehen, daß dem Sachverständigen auch für seine Mühewaltung vor dem Termine und insbesondere für einen in seiner Wohnung empfangenen Vorbesuch neben der Terminsgebühr eine besondere Vergütung von 1,50 Mk. für jede ganze oder angefangene Stunde zu bewilligen ist, eine Vergütung, die nur im Hinblick auf § 6 des Gesetzes einer Einschränkung insofern unterliegt, als sie den Betrag von 3 Mk. für jeden Besuch im Höchstbetrage nicht übersteigen darf.

Die Tagegelder und Reisekosten der Medizinalbeamten sind in Abänderung der §§ 2 und 5 des Gesetzes vom 9. März 1872 in der Verordnung, betreffend die Tagegelder und die Reisekosten der Medizinalbeamten vom 17. September 1876 (GS. S. 411) des Näheren festgesetzt. An den betreffenden Sätzen ist auch durch das Gesetz, betreffend die Tagegelder und Reisekosten der Staatsbeamten vom 21. Juni 1897 nichts geändert worden, da Art. V Absatz 2 dieses letzteren Gesetzes ausdrücklich bestimmt, daß seine Bestimmungen (Artikel I §§ 1 und 4, Nr. I und II) auf diejenigen Beamten, welche unter den § 2 des Gesetzes vom 9. März 1872 fallen, so lange keine Anwendung finden sollen, als die Besoldungsverhältnisse derselben nicht anderweitig geregelt sein werden.

Nichtbeamtete Aerzte erhalten nach § 7 des Gesetzes vom 9. März 1872, wenn sie zur persönlichen Vernehmung des zu Entmündigenden zugezogen oder zur Vornahme von Vorbesuchen ꝛc. oder Abgabe von Gutachten amtlich aufgefordert werden, dieselben Gebühren, Tagegelder und Reisekosten, welche den beamteten Aerzten (Medizinalbeamten) nach dem Gesetz vom 9. März 1872, beziehungsweise der Verordnung vom 17. September 1876 zustehen.

III. Der Vernehmungstermin.

In dem zur persönlichen Vernehmung des zu Entmündigenden anberaumten Termine müssen der Richter, ein Gerichtsschreiber und die vom Gericht zugezogenen Sachverständigen zugegen sein.

Ueber die Art der Vernehmung selbst lassen sich selbstverständlich bestimmte allgemeine Regeln nicht aufstellen. Dem Richter steht unzweifelhaft die Leitung der ganzen Verhandlung zu; ob und inwieweit er selbst die Vernehmung des Geisteskranken bewirken oder dem zugezogenen Arzt die Fragestellung überlassen soll, muß seinem eigenen Ermessen anheimgestellt bleiben. Eine vorherige Verabredung zwischen Richter und Sachverständigen wird sich hier in allen Fällen dringend empfehlen. „Im Allgemeinen ist," wie Neumann[67]) zutreffend hervorhebt, „nichts dagegen zu sagen, wenn der Gerichtsdeputirte die Unterhaltung beginnt und mit einigen allgemeinen Fragen einleitet, die dann ihren Zweck erreicht haben, wenn sie den Provokaten zutraulich und mittheilend gemacht haben. Es wird überhaupt darauf ankommen, der ganzen Verhandlung die Form eines Verhörs möglichst zu nehmen und ihr statt dessen mehr den Anstrich einer freundlichen Unterhaltung zu geben, wobei man besonders bei Kranken aus den gebildeten Ständen immer wohl thun wird, sie in einer delikaten Weise darauf aufmerksam zu machen, daß das ganze Verfahren im Interesse und zum Schutze des Provokaten stattfindet und nicht ein gegen ihn gerichtetes ist. Uebrigens ist es kaum nöthig, darauf hinzuweisen, daß die äußerste Aufmerksamkeit, die unerschütterlichste Ruhe und die größte Geduld, sowie sie überhaupt im Umgange mit Geisteskranken die ersten Erfordernisse sind, so auch den Sachverständigen im gerichtlichen Explorationstermine nicht verlassen dürfen."

Dem gewissenhaften Arzt wird es freilich im Termine selbst meist an der Zeit und Muße fehlen, welche zur ruhigen und gründlichen Untersuchung und Begutachtung des Gemüthszustandes der ihm häufig ganz unbekannten zu entmündigenden Person erforderlich ist.

Um zu bewirken, daß die ärztliche Untersuchung des Geisteszustandes mit möglichster Umsicht und Gründlichkeit erfolge, ist deßhalb in Preußen den als Sachverständigen zugezogenen Aerzten bereits durch den Ministerial-Erlaß vom 28. April 1887*) zur Pflicht gemacht, von dem Gemüthszustande des zu Entmündigenden vor dem zu der persönlichen Vernehmung des letzteren anberaumten Termin durch Besuche des Kranken, sowie durch Rücksprache mit den Angehörigen und dem Arzte desselben sich die zur Abgabe eines Gutachtens erforderliche Kenntniß zu verschaffen, und es sind aus diesem Grunde auch durch die Allgemeine Verfügung des Justizministers vom 10. Mai 1887**) die preußischen Gerichte angewiesen, den Sachverständigen die Ladung zu dem Termine so zeitig zuzustellen, daß dieselben sich, wenn nöthig, schon vorher, sei es durch Besuche, Nachfragen oder sonst über den Geisteszustand des zu Entmündigenden ein sicheres Urtheil bilden können. Der Justizminister erachtet eine Frist von sechs Wochen in den meisten Fällen für ausreichend und ertheilt noch die Anweisung zu demselben Zwecke den Sachverständigen, soweit dies angängig, auch die Einsicht in die Akten zu gestatten.

Daß diese preußischen Bestimmungen für die sachgemäße Durchführung der Entmündigung von Geisteskranken oder Geistesschwachen von hervorragender Bedeutung sind und auch außerhalb Preußens Beachtung und Nachahmung verdienen, liegt auf der Hand. „Jeder Arzt wird", wie Neumann sehr richtig bemerkt,[68]) „wohl thun, wenn er diese Vor-

[67]) Vergl. Neumann, Theorie und Praxis der Blödsinnigkeitserklärung nach preuß. Gesetze. Erlangen 1860, S. 53.

*) Vergl. Unger, Irrengesetzgebung S. 29.

**) Vergl. Unger, a. a. O. S. 30.

[68]) Neumann, a. a. O. S. 53.

untersuchung so gründlich anstellt, daß er sich für den eigentlichen Termin nichts mehr aufhebt, die Voruntersuchung ist dazu da, daß der Sachverständige sich seine Ansicht bildet, mit sich abschließt und den Termin dann als Beweis seiner Ansicht hinstellt. Nur so ist es möglich, der Terminaluntersuchung diejenige Präcision und Abrundung zu geben, ohne die sie keinen Werth hat. Die Voruntersuchung macht der Arzt für sich und um seinetwillen, der Termin ist für das Forum; der verschiedene Zweck macht natürlich eine verschiedene Methode nöthig. In der Voruntersuchung studirt der Arzt den Kranken, im Termin producirt er den Provokaten dem Richter; er experimentirt im edelsten Sinne des Wortes mit ihm, d. h. er führt durch die Unterhaltung die geistigen Bedingungen herbei, unter denen sich der Geist des Kranken am schnellsten und am schlagendsten als gesund oder krank erweist."

Ueber die gesammte Verhandlung ist von dem Gerichtsschreiber ein Protokoll aufzunehmen.*)

Dieses Protokoll muß zunächst, der Vorschrift des § 159 CPO. entsprechend, den Ort und Tag der Verhandlung, die Namen des Richters, des Gerichtsschreibers, der zugezogenen Sachverständigen sowie des zu Entmündigenden enthalten. Auch die Angabe, daß nicht öffentlich verhandelt ist (s. oben S. 30), wird, streng genommen, nicht fehlen dürfen.[69])

Inhaltlich muß das Protokoll alsdann eine möglichst wörtliche Wiedergabe der dem zu Entmündigenden vorgelegten Fragen und der von diesem auf dieselben ertheilten Antworten enthalten. Das Protokoll soll „das eigentliche Abbild des Wesens der zu untersuchenden Person" sein, und deßhalb muß gerade auf die möglichst sorgfältige Abfassung desselben ein besonderes Gewicht gelegt werden. Dem richtigen Takt und Verständniß des Gerichtsschreibers, bezw. des das Protokoll diktirenden Richters muß es hierbei überlassen bleiben, aus den oft verwirrten und unklaren Antworten und Reden des zu Entmündigenden das Wesentliche aufzufassen und im Protokoll zu fixiren. Zweckmäßig wird es jedenfalls sein, im Vernehmungstermin auch die früheren Lebens- und Krankheitsverhältnisse des zu Entmündigenden aufzuklären und wenigstens insoweit sie zur Erkenntniß und Beurtheilung des krankhaften Gemüthszustandes dienen können, im Protokoll festzulegen, wie es sich denn auch empfiehlt, in das Protokoll geeignete Vermerke über die von den Sachverständigen vor dem Termin gemachten Vorbesuche und sonstigen Informationen bei den Angehörigen ꝛc., sowie auch über den Befund des körperlichen Zustandes, die Haltung und das sonstige Benehmen des zu Entmündigenden im Termine selbst aufzunehmen, da auch diese Momente für die Beurtheilung des geistigen Zustandes des zu Entmündigenden von nicht zu unterschätzender Bedeutung sind und oft eine wesentliche Grundlage für das spätere Sachverständigen-Gutachten bilden.

Daß und in welchen Fällen es endlich auch gestattet und zweckdienlich

---

*) Ein Musterbeispiel eines solchen Protokolls s. in der Anlage.
[69]) Vergl. § 159 Ziff. 5 CPO.

ist, sofort nach erfolgter persönlicher Vernehmung des zu Entmündigenden die Sachverständigen über den Geisteszustand des letzteren gutachtlich zu hören und alsdann dieses Gutachten dem Protokoll einzuverleiben, soll später erörtert werden.

In allen Fällen ist das Protokoll nach Vorschrift des § 162 CPO. den Betheiligten vorzulesen oder zur Durchsicht vorzulegen. Als Betheiligter ist an und für sich neben den Sachverständigen auch der zu Entmündigende anzusehen. Ob freilich im einzelnen Fall nicht zweckmäßig davon Abstand zu nehmen ist, ihm das Protokoll vorzulesen oder zur Durchsicht vorzulegen, muß dem Ermessen des Richters überlassen bleiben. In dem Protokoll ist zu vermerken, ob die Vorlesung oder Vorlegung geschehen und ob die Genehmigung erfolgt sei, oder welche Einwendungen erhoben sind. Das Protokoll ist von dem Richter und dem Gerichtsschreiber zu unterschreiben und alsdann zu den Gerichtsakten zu nehmen.[70])

§ 9.

Die Anhörung der Sachverständigen.

Bisher ist nur davon die Rede gewesen, daß und in welcher Weise das Gericht bei der persönlichen Vernehmung des zu Entmündigenden einen oder mehrere Sachverständige zuziehen soll.

Für die Entmündigung selbst genügt eine bloße Zuziehung von Sachverständigen nicht. Nach der bestimmten Vorschrift des § 655 CPO. darf das Gericht vielmehr eine Entmündigung wegen Geisteskrankheit oder Geistesschwäche in allen Fällen erst dann aussprechen, wenn es auch einen oder mehrere Sachverständige über den Geisteszustand des zu Entmündigenden gehört hat.

Die persönliche Vernehmung des zu Entmündigenden kann unterbleiben, wenn sie mit besonderen Schwierigkeiten verbunden oder nicht ohne Nachtheil für den Gesundheitszustand des zu Entmündigenden ausführbar ist; sie bildet also keine unbedingte Voraussetzung für die Zulässigkeit der Entmündigung. Die Anhörung von Sachverständigen über den Geisteszustand des zu Entmündigenden ist dagegen eine absolute Nothwendigkeit; ohne sie darf eine Entmündigung wegen Geisteskrankheit oder Geistesschwäche niemals ausgesprochen werden.

Gerade auf dem Gebiete der Geisteskrankheiten, deren Grenzlinie eine so außerordentlich feine ist, sind, wie die Motive zur Civilprozeßordnung von 1877 zutreffend hervorheben[71]), irrige Beurtheilungen von Seiten des Richters so leicht möglich, daß ein ärztliches Gutachten über den Geisteszustand des zu Entmündigenden niemals zu entbehren ist, und

---

[70]) Ueber die Nothwendigkeit der Mittheilung der Protokolle an die Regierungen 2c. in Preußen s. § 9 am Schluß.

[71]) Vergl. Mot. S. 373.

mit Recht wurde in der Justizkommission bemerkt [72]), daß es sich bei Beantwortung der Frage, ob Jemand geisteskrank sei, wesentlich um eine ärztliche Diagnose handle, die eine das ganze Gebiet der Medizin beherrschende Technik erfordere.

Als Sachverständige können deßhalb auch hier wie bei der persönlichen Vernehmung des zu Entmündigenden, nur Aerzte in Betracht kommen, unter denen dem Gericht an und für sich — unbeschadet der Vorschrift des § 404 Abs. 2 CPO. — auch hier die freie Wahl zustehen muß. Wenn eine persönliche Vernehmung des zu Entmündigenden stattgefunden hat, so kann es sich allerdings wohl nur um die Anhörung derjenigen Aerzte handeln, welche bereits zu dieser Vernehmung zugezogen waren, da diese durch die Vorbesuche, welche sie bei den Geisteskranken gemacht, und durch die persönliche Vernehmung des letzteren selbst am besten in den Stand gesetzt sind, ein sachgemäßes sachverständiges Gutachten über den Geisteszustand des zu Entmündigenden abzugeben.

In Betreff der Verpflichtung der Aerzte zur Abgabe eines von ihnen Seitens des Gerichts erforderten Gutachtens kommen dieselben Grundsätze zur Anwendung, welche oben im § 8 bei Erörterung der Pflicht zum Erscheinen im Vernehmungstermin hervorgehoben sind. Im Falle der Weigerung eines zur Erstattung des Gutachtens verpflichteten Arztes wird dieser zum Ersatz der Kosten und zu einer Geldstrafe bis zu dreihundert Mark verurtheilt. Im Falle wiederholter Weigerung kann noch einmal eine Geldstrafe bis zu sechshundert Mark erkannt werden. Gegen den Beschluß findet auch hier Beschwerde statt.

Wegen der den Sachverständigen zu zahlenden Gebühren 2c. kann hier nur auf die oben im § 8 S. 36 gemachten Ausführungen verwiesen werden.

Was nun zunächst die Frage anbetrifft, wann und in welcher Form das Gericht die gutachtliche Aeußerung der Sachverständigen über den Geisteszustand des zu Entmündigenden entgegennehmen soll, so wird es sich empfehlen, in allen denjenigen Fällen, in welchen das Ergebniß der persönlichen Vernehmung des zu Entmündigenden ein ganz zweifelloses ist, von Einforderung eines besonderen schriftlichen Gutachtens Abstand zu nehmen, die Sachverständigen vielmehr schon im Termin selbst zu veranlassen, ihr Gutachten über den Geisteszustand des zu Entmündigenden sofort zu Protokoll zu geben. Erfahrungsmäßig sind die große Mehrzahl der vorkommenden Entmündigungsfälle solche, die sich schon im Vernehmungstermin durch ein an Ort und Stelle zu Protokoll zu nehmendes Gutachten gehörig technisch beurtheilen und aufklären lassen. Ueber die Zulässigkeit einer solchen sofortigen Begutachtung hat in allen Fällen lediglich der Richter zu entscheiden. Derselbe wird nicht verfehlen, hierbei im Einverständniß mit den Sachverständigen zu handeln, und wird sicherlich ein besonderes, schriftlich einzureichendes Gutachten erfordern, wenn von Seiten der Sachverständigen irgend welche Bedenken gegen die sofortige Begutachtung des Geisteszustandes des zu Entmündigenden angeregt werden.

---

[72]) Vergl. Prot. der Justizkommission S. 302.

Wird eine besondere schriftliche Begutachtung für erforderlich erachtet und angeordnet, so hat der Sachverständige das von ihm unterschriebene Gutachten innerhalb der ihm vom Gericht gewährten Frist auf der Gerichtsschreiberei des Amtsgerichts niederzulegen.[73] Das Gericht kann das Erscheinen des Sachverständigen anordnen, damit derselbe das schriftliche Gutachten erläutere.[74]

Die Beeidigung der Sachverständigen erfolgt bei der sofortigen, mündlich zu Protokoll erklärten Begutachtung im Vernehmungstermin selbst. Der Sachverständige hat vor Erstattung seines Gutachtens einen Eid dahin zu leisten: „daß er das von ihm geforderte Gutachten unparteiisch und nach bestem Wissen und Gewissen erstatten werde." Bei denjenigen Sachverständigen, welche für die Erstattung ärztlicher Gutachten im Allgemeinen beeidigt sind (Gerichtsärzte), genügt die Berufung auf den geleisteten Eid.[75] Bei schriftlicher Begutachtung soll die Beeidigung der Regel nach ebenfalls vor Erstattung des Gutachtens erfolgen, indessen wird dieselbe auch nach Niederlegung des Gutachtens geschehen können, sofern der Sachverständige in einer der Beeidigung folgenden protokollarischen Erklärung auf das von ihm erstattete Gutachten unter Anerkennung desselben Bezug nimmt. Bei den im Allgemeinen für ärztliche Gutachten beeidigten Sachverständigen genügt es, wenn sie am Schlusse ihres Gutachtens schriftlich die Richtigkeit desselben auf den generell geleisteten Eid versichern.

Was alsdann den sachlichen Inhalt der von den Sachverständigen zu erstattenden Gutachten anlangt, so sind in dieser Beziehung in Preußen durch den Ministerial-Erlaß vom 28. April 1887[76]) bestimmte Vorschriften getroffen, welche als mustergültig angesehen werden und deßhalb der allgemeinen Beachtung empfohlen werden müssen. In den Gutachten, sei es, daß dieselben im Vernehmungstermin zum Protokoll genommen werden oder nach Anordnung des Richters als besondere Gutachten schriftlich einzureichen sind, soll zunächst das Ergebniß der vorgängigen und sonstigen Ermittelungen, der Befund des körperlichen Zustandes, der Haltung, des Benehmens, der Verlauf der mit dem zu Entmündigenden gepflogenen Unterredungen u. s. w. dargelegt werden. Alsdann soll der Geisteszustand des zu Entmündigenden des Näheren angegeben und das schließliche Gutachten unbeschadet der Befugniß, den Krankheitszustand im Sinne der Wissenschaft zu bezeichnen, entsprechend der gestellten, beziehungsweise aus den Bestimmungen des bürgerlichen Rechts sich ergebenden Beweisfrage eingehend begründet werden.

Jedes ärztliche Gutachten über den Geisteszustand des zu Entmündigenden wird also hiernach aus zwei Theilen:

---

[73]) § 411 Abs. 1 CPO.
[74]) § 411 Abs. 2 CPO.
[75]) § 410 CPO.
[76]) Vergl. Unger, Irrengesetzgebung S. 29.

1. der Geschichtserzählung (Relation, Krankengeschichte) und
2. einer medizinisch-technischen Beurtheilung

bestehen müssen.

Die Geschichtserzählung soll in kurzen Zügen die Geschichte des körperlichen und geistigen Zustandes des zu Entmündigenden und die äußeren und inneren Bedingungen darstellen, unter welchen der gegenwärtig der ärztlichen bezw. richterlichen Beurtheilung unterliegende geistige Zustand des zu Entmündigenden sich entwickelt hat. In diesen Theil des Sachverständigen-Gutachtens gehört also insbesondere die Berichterstattung über die vorgängigen und sonstigen Ermittelungen über Lebensgang, frühere Krankheiten, jetzigen körperlichen Zustand, Haltung und Benehmen des zu Entmündigenden, die mit demselben gepflogenen Unterredungen und alle sonstigen thatsächlichen Momente, welche die Unterlage für die medizinisch-technische Beurtheilung des vorliegenden Falles bilden sollen.

Für diese medizinisch-technische Beurtheilung lassen sich selbstverständlich bestimmte allgemeine Regeln nicht aufstellen. Es muß vielmehr lediglich der Sachkenntniß des begutachtenden Arztes überlassen bleiben, je nach der Individualität des einzelnen Falles das vom Gericht erforderte Gutachten über den Geisteszustand des zu Entmündigenden entsprechend der gestellten, beziehungsweise aus den Bestimmungen des bürgerlichen Rechts sich ergebenden Beweisfrage nach wissenschaftlichen Grundsätzen und Erfahrungen zu formuliren und zu begründen. Unbedingtes Erforderniß eines jeden Gutachtens muß aber in allen Fällen ein klares und bestimmtes Endresultat sein. Die für die Entmündigung entscheidende Frage, ob Jemand geisteskrank oder geistesschwach sei oder nicht, muß von den Sachverständigen unter allen Umständen bestimmt beantwortet werden, widrigenfalls das betreffende Gutachten für ungenügend erachtet werden muß und das Gericht in die Nothwendigkeit versetzt wird, eine neue, bestimmtere Begutachtung durch dieselben oder andere Sachverständige anzuordnen.

Die Civilprozeßordnung und das Bürgerliche Gesetzbuch haben, wie bereits oben erwähnt wurde, eine Begriffsbestimmung der „Geisteskrankheit“ und „Geistesschwäche“ nicht gegeben. Es ist aber oben auch bereits des Näheren ausgeführt, daß aus den rechtlichen Folgen, welche das Bürgerliche Gesetzbuch selbst an das Vorhandensein der beiden hier in Frage stehenden Formen geistiger Erkrankung geknüpft hat, zunächst der Begriff der Geisteskrankheit sich dahin bestimmen läßt, daß es sich um einen solchen Zustand dauernder krankhafter Störung der Geistesthätigkeit handeln muß, in welchem der Erkrankte der freien Willensbestimmung und der Fähigkeit, die Gesammtheit seiner Angelegenheiten vernünftig zu besorgen, vollständig ermangelt.

Von der Geisteskrankheit unterscheidet sich die Geistesschwäche wesentlich durch den Grad der geistigen Erkrankung. „Geistesschwach“ im Sinne des Gesetzes ist diejenige Person, welche sich in einem derartigen Zustande geistiger Erkrankung befindet, daß sie in Folge desselben zwar ebenfalls die Gesammtheit ihrer Angelegenheiten vernünftig nicht zu besorgen vermag, aber doch noch diejenigen Fähigkeiten besitzt, welche ein Minderjähriger über sieben Jahre zu haben pflegt.

An diese Begriffsmerkmale der Geisteskrankheit und der Geistesschwäche wird sich das Gutachten der Sachverständigen im Wesentlichen halten müssen. Dieselben werden dem Sachverständigen ausreichenden Anhalt für die richtige Präzisirung des Ergebnisses seiner Prüfung gewähren und ihn dahin führen können, in dem Endresultat seines Gutachtens — wenn auch unter näherer wissenschaftlicher Bezeichnung und Begründung der speziellen Krankheitsform — sich mit Bestimmtheit dahin auszusprechen, daß der zu Entmündigende „geisteskrank“ oder „nicht geisteskrank“, „geistesschwach“ oder „nicht geistesschwach“ im Sinne des Gesetzes sei.

Ein derartiges bestimmtes und klares Gutachten wird unzweifelhaft genügen müssen, um dem Gericht die erforderliche Grundlage für die allein von ihm zu treffende Entscheidung zu bieten, ob die betreffende Person wegen Geisteskrankheit oder wegen Geistesschwäche zu entmündigen sei.[77])

§. 10.

Die Unterbringung des zu Entmündigenden in eine Heilanstalt.

Von verschiedenen Seiten war es, wie in der Begründung des § 656 CPO. hervorgehoben wird, als ein Mangel des bisherigen Entmündigungsverfahrens bezeichnet worden, daß das Gericht nicht in der Lage war, den wegen Geisteskrankheit zu Entmündigenden auch gegen seinen Willen auf kurze Zeit in eine Heilanstalt zu bringen, damit dort sein Geisteszustand behufs Vorbereitung eines endgültigen Gutachtens beobachtet werde. Um diesem Mangel abzuhelfen, den Sachverständigen ein wirksames Mittel zur Feststellung des Geisteszustandes des zu Entmündigenden zu geben und letzterem selbst eine erhöhte Sicherung gegen ungerechtfertigte Entmündigung zu gewähren, hat § 656 CPO. die Bestimmung getroffen, daß das Gericht mit Zustimmung des Antragstellers und, soweit thunlich, nach Anhörung der im § 646 CPO. bezeichneten Personen anordnen kann, daß der zu Entmündigende auf die Dauer von höchstens sechs Wochen in eine Heilanstalt gebracht werde, wenn dies nach ärztlichem Gutachten zur Feststellung des Geisteszustandes geboten erscheint und ohne Nachtheil für den Gesundheitszustand des zu Entmündigenden ausführbar ist.

Die Zulässigkeit der Unterbringung in eine Heilanstalt ist also zunächst an die Zustimmung des Antragstellers gebunden. Wird diese nicht ertheilt, so muß von der Beobachtung des zu Entmündigenden in einer Heilanstalt, so wünschenswerth sie auch sonst sein mag, unbedingt abgesehen werden.

Alsdann ist ein ärztliches Gutachten erforderlich, welches ausspricht, daß zur Feststellung des Geisteszustandes, also zur Abgabe des durch

---

[77]) In Preußen sind Abschriften jedes in Entmündigungssachen schriftlich niedergelegten oder auch mündlich abgegebenen und zu den Akten festgestellten Gutachtens unter Beifügung einer Abschrift des über die persönliche Vernehmung des zu Entmündigenden aufgenommenen Protokolls mit möglichster Beschleunigung dem zuständigen Regierungspräsidenten mitzutheilen. Allg. Verf. des Justizministers v. 10. Mai 1887 und 8. August 1894 (Unger, Irrengesetzgebung S. 30, 32).

§ 655 CPO. vorgesehenen Gutachtens, die Unterbringung und Beobachtung des zu Entmündigenden in einer Heilanstalt geboten erscheine. Es genügt nicht, daß das ärztliche Gutachten diese Unterbringung für wünschenswerth oder zweckdienlich erklärt, sondern das Gutachten muß ausdrücklich dahin lauten, daß ohne Unterbringung und Beobachtung des zu Entmündigenden in einer Heilanstalt die Feststellung des Geisteszustandes nicht erfolgen könne.

Die Unterbringung in eine Heilanstalt muß ferner ohne Nachtheil für den Gesundheitszustand des zu Entmündigenden ausführbar sein. In der Reichstags-Kommission wurde in dieser Beziehung durchaus zutreffend hervorgehoben, daß, wenn schon die Vernehmung des zu Entmündigenden nach § 654 Abs. 3 CPO. zu unterbleiben habe, wenn sie nicht ohne Nachtheil für den Gesundheitszustand des zu Entmündigenden ausführbar sei, eine dahingehende Einschränkung bei der so viel einschneidenderen Maßregel der Unterbringung in eine Heilanstalt erst recht angebracht erscheinen müsse. Ob die Unterbringung in eine Heilanstalt für den Gesundheitszustand des zu Entmündigenden nachtheilig sein würde oder nicht, wird das Gericht nur auf Grund eines Sachverständigen-Gutachtens entscheiden können; es wird deßhalb zweckmäßig sein, dahin zu wirken, daß das ärztliche Gutachten, welches die Unterbringung des zu Entmündigenden in eine Heilanstalt als geboten bezeichnet, sich zugleich auch über die voraussichtliche Einwirkung dieser Maßregel auf den Gesundheitszustand des zu Entmündigenden ausspricht.

Vor der Entscheidung hat endlich das Gericht, soweit thunlich, auch die nach § 646 CPO. zur Stellung des Entmündigungsantrags berechtigten Personen (s. oben S. 15), insbesondere also auch den Staatsanwalt bei dem vorgesetzten Landgericht zu hören. Diese Anhörung wird in allen Fällen die Regel bilden müssen und nur dann unterbleiben dürfen, wenn sie z. B. wegen zu weiter Entfernung des Wohnorts der vorgedachten Antragsberechtigten mit besonderen Schwierigkeiten und erheblichem Zeitverlust verknüpft sein würde.

Ob die gerichtliche Vernehmung des zu Entmündigenden bereits stattgefunden hat, oder nicht, ist auf die Zulässigkeit der Maßregel ohne Einfluß, und im Uebrigen ist das Gericht bei Bestimmung der Anstalt, in welcher der zu Entmündigende untergebracht werden soll, nicht, wie dies in dem verwandten Fall des § 81 Abs. 1 der Strafprozeßordnung vorgeschrieben ist [78]), an die öffentlichen Irrenanstalten gebunden, kann vielmehr die Heilanstalt nach seinem Ermessen auswählen.

Gegen den Beschluß des Gerichts, durch welchen die Unterbringung des zu Entmündigenden in eine Heilanstalt angeordnet wird, ist dem zu Entmündigenden, dem Staatsanwalt und binnen der für den zu Entmündigenden laufenden Frist den sonstigen im § 646 CPO. bezeichneten

---

[78]) Der § 81 Abs. 1 StPO. lautet: „Zur Vorbereitung eines Gutachtens über den Geisteszustand des Angeschuldigten kann das Gericht auf Antrag eines Sachverständigen nach Anhörung des Vertheidigers anordnen, daß der Angeschuldigte in eine öffentliche Irrenanstalt gebracht und dort beobachtet werde.“

Antragsberechtigten die sofortige Beschwerde gewährt (§ 656 Abs. 2 CPO.) In der Begründung dieser Bestimmung ist hervorgehoben, daß der Staatsanwalt dieses Rechtsmittels sowohl mit Rücksicht auf den zu Entmündigenden, als auch im Interesse der Staatskasse bedürfe, da diese im Falle der Ablehnung des Entmündigungsantrags nach § 658 Abs. 1 CPO. die Kosten des Verfahrens zu tragen habe.

Die Beschwerde hat nach § 572 CPO. aufschiebende Wirkung.

§ 11.

Die Entscheidung des Amtsgerichts.

Nach Abschluß der zur Feststellung des Geisteszustandes einer Person vorgenommenen Ermittelungen, insbesondere nach Erstattung des im § 655 CPO. vorgesehenen Gutachtens der Sachverständigen hat das Gericht eine Entscheidung darüber zu treffen, ob die Entmündigung der betreffenden Person eintreten soll oder nicht.

Das Gericht hat hierbei dem im § 286 CPO. ausgesprochenen Grundsatz der freien Beweiswürdigung entsprechend unter Berücksichtigung des gesammten Inhalts der Verhandlungen und des Ergebnisses der Beweisaufnahme nach freier Ueberzeugung zu entscheiden. An irgend welche Beweisregeln ist das Gericht nicht gebunden. Insbesondere ist dasselbe niemals verpflichtet, dem Gutachten der Sachverständigen unbedingt zu folgen. Dem Gericht ist vielmehr durch § 286 CPO. auch das Recht eingeräumt, eine Entscheidung zu treffen, welche mit dem Gutachten der Sachverständigen in Widerspruch steht. Auch die letzteren können, wie v. Arnold[79]) zutreffend bemerkt, irren, und wenn dem Richter durch die Verhandlungen mit dem Geisteskranken oder durch die sonstigen von ihm angestellten Ermittelungen ein Zweifel an der Richtigkeit des von den Sachverständigen abgegebenen Gutachtens beigebracht ist, so kann ihm nicht zugemuthet werden, einen Richterspruch gegen seine Ueberzeugung zu erlassen und sich zum willenlosen Werkzeuge der Sachverständigen zu machen. Alle in der Justizkommission des Reichstags gestellten Anträge, den Richter bei der Entscheidung der hier interessirenden medizinischen Fragen an das Gutachten der Sachverständigen zu binden, wurden deßhalb übereinstimmend abgelehnt. Es wurde namentlich bemerkt, daß auch bei medizinischen Gutachten dem Richter ein selbstständiges Urtheil nicht abzusprechen sei; die Erfahrung lehre, daß auf diesem Gebiete die ausschweifendsten Gutachten zu Tage gefördert werden, denen gegenüber eine Korrektur durch das freie Ermessen des Richters nöthig sei.

---

[79]) Vergl. von Arnold a. a. O. § 68. Vergl. auch Neumann a. a. O. S. 13: „Leider kann die Wissenschaft nur durch Individualitäten antworten; deßhalb ist es auch recht, daß die Aussprüche der Techniker keine absolut bindende Kraft für den Richter haben; er benutzt sie nach Pflicht und Gewissen, er adoptirt oder verwirft sie, er gehorcht ihnen nicht.“ Vergl. auch S. 95 ebenda.

Andererseits liegt es in der Natur der Sache, daß bei der richterlichen Entscheidung auf das Gutachten der Sachverständigen besondere Rücksicht zu nehmen ist. Die Medizin, so wird in dieser Beziehung in einem Erkenntniß des preußischen Kammergerichts vom 19. September 1878 sehr richtig ausgeführt,[80]) ist eine Erfahrungswissenschaft. Wenn der Sachverständige, der im Allgemeinen durch seine Praxis, speziell aber durch Vorbesuche eine sicherere Beurtheilung über die Eigenthümlichkeiten der Geisteskrankheit und speziell über die Persönlichkeit des Provokaten zu erlangen im Stande ist, als der Richter, welcher nur aus dem Explorationstermin und dem sonstigen Inhalt der Akten seine Ansicht schöpfen kann, sich dafür ausspricht, daß Krankheitserscheinungen, wie sie im gegebenen Fall erwiesen sind, untrügliche Zeichen einer Geisteskrankheit seien, so erscheint es höchst bedenklich, wenn der Richter ohne Weiteres seine eigene Auffassung über die des Sachverständigen setzt. Zweifel gegen die gehörige Begründung des Gutachtens kann der Richter jederzeit zur nochmaligen Erklärung dem Sachverständigen unterbreiten, ja er ist berechtigt, wenn ihm trotzdem diese Zweifel nicht gelöst wurden, sich dem Gutachten der Sachverständigen nicht anzuschließen, aber nicht gerechtfertigt ist es, die übereinstimmenden Gutachten mehrerer Aerzte zu verwerfen, ohne denselben auch nur die aufgetauchten Bedenken vorzuhalten, und eine eigene Ansicht an die Stelle zu setzen, die in keiner ärztlichen Autorität eine Stütze findet.

Die Entscheidung des Amtsgerichts erfolgt, da derselben eine kontradiktorische Verhandlung nicht vorangeht, in allen Fällen durch einen Beschluß.

Für die Form desselben sind keine besonderen Vorschriften gegeben, jedoch versteht es sich von selbst, daß der Beschluß mit Gründen versehen werden muß, um dem Beschwerdegericht die Nachprüfung (§ 663 CPO.) und im Falle der Entmündigung eine Anfechtung im Wege der Klage (§ 664 CPO.) zu ermöglichen.

Inhaltlich kann die Entscheidung des Amtsgerichts nur lauten auf:

I. Ablehnung der Entmündigung.

Es ist bereits oben hervorgehoben, daß es zur Ablehnung der Entmündigung einer vorgängigen Anhörung von Sachverständigen nicht bedarf. Das Gericht kann auch schon aus der bloßen persönlichen Vernehmung des zu Entmündigenden oder auf Grund anderweiter Ermittelungen die Ueberzeugung gewonnen haben, daß der zu Entmündigende für geisteskrank oder geistesschwach im Sinne des Gesetzes nicht erachtet werden kann; eine besondere Anhörung von Sachverständigen — die sonst allerdings die Regel bilden wird — ist alsdann selbstverständlich nicht mehr erforderlich.

In diesem Fall und in allen Fällen, wo es dem Gutachten der nach § 655 CPO. vernommenen Sachverständigen dahin, daß der zu Ent-

[80]) Vergl. Casper-Liman, a. a. O. I S. 410.

mündigende nicht geisteskrank oder geistesschwach sei, sich ohne Bedenken anschließen kann, hat das Gericht in seinem Beschlusse lediglich auszusprechen:

daß die beantragte Entmündigung abzulehnen sei.

Daß das Gericht unter Umständen auch seine Entscheidung aussetzen und insbesondere eine nach Ablauf eines gewissen Zeitraums zu bewirkende nochmalige Gemüthszustands-Untersuchung anordnen kann, wird einem Bedenken nicht unterliegen. Die Fälle werden nicht selten sich ereignen, in denen von ärztlicher Seite eine nochmalige, erst nach Verlauf einiger Zeit vorzunehmende Untersuchung des Geisteszustandes des zu Entmündigenden für geboten erachtet wird. In solchen Fällen ist es unstreitig Pflicht des Gerichts, einem diesbezüglichen Antrag der Sachverständigen stattzugeben und nicht sofort seine Entscheidung zu treffen. Von einer eigentlichen Unterbrechung oder Aussetzung des Verfahrens im Sinne der §§ 239 ff. CPO. ist allerdings hier nicht die Rede.

Wenn aber trotz alledem das Gericht zu der Ueberzeugung gelangt ist, daß der gestellte Entmündigungsantrag unbegründet sei, so hat es den die Entmündigung ablehnenden Beschluß von Amtswegen zuzustellen:

1. demjenigen, dessen Entmündigung beantragt war (§ 602 CPO.),
2. dem Antragsteller,
3. dem Staatsanwalt (§ 659 CPO.)

Die Zustellung an den Staatsanwalt ist selbst dann zu bewirken, wenn derselbe nicht Antragsteller war oder bei dem Verfahren bisher überhaupt noch nicht mitgewirkt hatte. Es ist dies eine nothwendige Folge des dem Staatsanwalt im § 663 Abs. 1 CPO. ganz allgemein gegebenen Beschwerderechts.

Die Zustellung erfolgt nach den Vorschriften der §§ 170 ff. CPO. durch den Gerichtsschreiber.

Wegen der Kosten des die Entmündigung ablehnenden Beschlusses vergl. unten § 22.

II. Ausspruch der Entmündigung.

Wenn das Gericht auf Grund der stattgehabten Verhandlungen, insbesondere auf Grund der persönlichen Vernehmung des zu Entmündigenden und durch das Gutachten der über den Geisteszustand des letzteren vernommenen Sachverständigen zu der Ueberzeugung gelangt ist, daß die betreffende Person in der That geisteskrank oder geistesschwach in dem mehrerörterten Sinne des Gesetzes (S. 10) ist, so hat es in seinem entscheidenden Beschluß auszusprechen:

daß diese Person als geisteskrank oder als geistesschwach zu entmündigen sei.

Im Sinne der Civilprozeßordnung und des Bürgerlichen Gesetzbuchs genügt es unzweifelhaft und ist es andererseits auch erforderlich, daß der richterliche Beschluß sich auf diese Fassung beschränkt. Geisteskrankheit und Geistesschwäche sind die beiden Zustände geistiger Erkrankung, bei deren Vorhandensein das Bürgerliche Gesetzbuch (§ 6 Ziff. 1) eine Entmündigung zuläßt. Je nach dem die Entmündigung wegen des einen oder des anderen Zustandes geistiger Anomalie ausgesprochen wird, sind die rechtlichen Folgen der Entmündigung verschiedene (§§ 104, 114 BGB.). Es kommt also nur darauf an, durch die richterliche Entscheidung festzustellen, daß und wegen welcher geistigen Anomalie die betreffende Person zu entmündigen sei. Eine jede weitere Feststellung der hieraus für den einen oder den anderen Fall sich ergebenden gesetzlichen Folgen der Entmündigung ist in den Entmündigungsbeschluß nicht aufzunehmen.*)

Der die Entmündigung wegen Geisteskrankheit aussprechende Beschluß ist von Amtswegen

A. zuzustellen:[81])
1. dem Antragsteller,
2. dem Staatsanwalt,
3. wenn der Entmündigte unter elterlicher Gewalt oder unter Vormundschaft steht, demjenigen gesetzlichen Vertreter, welchem die Sorge für die Person des Entmündigten zusteht.[82])

Die Zustellung an den Staatsanwalt ist auch dann zu bewirken, wenn derselbe nicht Antragsteller war oder in dem Verfahren bisher überhaupt noch nicht mitgewirkt hatte; es ist dies eine nothwendige Folge des dem Staatsanwalt im § 664 CPO. ganz allgemein gewährten Klagerechts.

Die Zustellung erfolgt in allen Fällen nach den Vorschriften der §§ 170 ff. CPO. durch den Gerichtsschreiber.

B. mitzutheilen:
der Vormundschaftsbehörde.[83])

Wie in der Begründung des § 660 CPO. hervorgehoben wird, hat diese Vorschrift der Mittheilung der Entmündigung an die Vormundschaftsbehörde gegenüber dem § 661 CPO. nur die Bedeutung einer Ordnungsvorschrift. Als solche erscheint sie immer noch mit Rücksicht auf diejenigen Fälle angemessen, in denen für das Entmündigungsverfahren und für die Anordnung der Vormundschaft über den Entmündigten nicht ein und dasselbe Gericht zuständig ist oder in denen die Entmündigungs- und die Vormundschaftssachen von verschiedenen Gerichtsabtheilungen bearbeitet werden.

Die Form der Mittheilung des Entmündigungsbeschlusses an die Vormundschaftsbehörde ist in der Civilprozeßordnung nicht bestimmt. Jede Benachrichtigung in angemessener Form (Vorlegung der Akten, Mittheilung einer Abschrift u. s. w.) muß genügen, sobald sie aktenmäßig festgestellt werden kann.

Der die Entmündigung wegen Geistesschwäche aussprechende Beschluß ist von Amtswegen

---

*) Ein Musterbeispiel eines Entmündigungsbeschlusses wegen Geisteskrankheit s. im Anhang.

[81]) Vergl. § 659 CPO.

[82]) Vergl. § 660 CPO.

[83]) Vergl. § 660 CPO. Darüber, welche Behörde als Vormundschaftsbehörde anzusehen ist, s. oben § 6 S. 25.

A. zuzustellen:
1. dem Antragsteller,
2. dem Staatsanwalt,[84])
3. dem Entmündigten selbst,[85]) und
4. wenn derselbe unter elterlicher Gewalt oder unter Vormundschaft steht, demjenigen gesetzlichen Vertreter, welchem die Sorge für die Person zusteht.[86])

B. mitzutheilen:
der Vormundschaftsbehörde.[87])

Wegen der Form der Zustellung und der an die Vormundschaftsbehörde zu machenden Mittheilung s. oben.

Eine öffentliche Bekanntmachung der Entmündigung durch den Entmündigungsrichter findet nicht statt. In der Justizkommission des Reichstags wurde auch die Aufnahme einer die öffentliche Bekanntmachung wenigstens fakultativ zulassenden Bestimmung abgelehnt, nachdem insbesondere von ärztlicher Seite darauf aufmerksam gemacht war, daß die Veröffentlichung der Entmündigung auf den Gesundheitszustand des Geisteskranken sehr nachtheilig wirken könne.[88]) Ob etwa Seitens der Vormundschaftsbehörde zum Zwecke der Sicherung des Vermögens des Entmündigten eine solche Veröffentlichung anzuordnen ist, muß deren Ermessen überlassen bleiben. In den Motiven (S. 374) ist in dieser Beziehung darauf hingewiesen, daß die Ausführung des Entmündigungsbeschlusses durch Anordnung einer Vormundschaft oder Kuratel lediglich Sache der vormundschaftlichen Behörde sei, welche geeignetenfalls auch für die etwaige Sicherung der Ausführung durch öffentliche Bekanntmachung zu sorgen habe.

Landesrechtliche Vorschriften, welche, wie z. B. in Bayern, Baden und Bremen, die Veröffentlichung der erfolgten Anordnung oder Wiederaufhebung einer Kuratel über Geisteskranke durch die Vormundschaftsbehörde anordnen, sind deßhalb durch die Bestimmungen der CPO. nicht berührt worden.[89])

In Preußen muß übrigens nach wie vor auch von dem Ausfall des

---

[84]) Vergl. § 659 CPO.

[85]) Vergl. § 660 CPO.

[86]) Vergl. § 660 CPO.

[87]) Vergl. § 660 CPO.

[88]) Für Elsaß-Lothringen ist damit auch die im Art. 501 Code civ. vorgeschriebene Bekanntmachung der Entmündigung (vergl. Art. 18 Ges. v. 25. Vent. XI) weggefallen. Dasselbe gilt von der Vorschrift des Badischen LR. S. 501 (vergl. § 146 Bad. Einf.Ges. zur CPO.) und von der Bestimmung des Art. 18 der preuß. V. und Taxordnung v. 25. April 1822 für die Notarien in den niederrheinischen Provinzen (Ges.S. S. 109), sowie von Art. 874 der Württ. CPO., welcher die Veröffentlichung der Entmündigung durch das Prozeßgericht vorschreibt.

[89]) Vergl. für Bayern den Justizministerialbeschluß v. 2. November 1871 und Bekanntmachung v. 22. Okt. 1881; für Baden § 68b der Geschäftsordnung für die Beamten der freiwilligen Gerichtsbarkeit v. 19. Juli 1879; für Bremen § 103 Vorm.Ordg.

gegen eine aktive Militärperson eingeleiteten Entmündigungsverfahrens in Gemäßheit der Verfügung des Justizministers vom 16. Oktober 1826 der Militärbehörde Nachricht gegeben werden, mag die Entmündigung abgelehnt oder ausgesprochen sein.[90]) Im Sinne der vorgedachten Ministerialverfügung liegt es übrigens jedenfalls, daß das Amtsgericht auch von den in der Beschwerdeinstanz ergangenen Beschlüssen, sowie von den im Anfechtungsprozeß erlassenen Urtheil der Militärbehörde Kenntniß giebt. Dagegen kann es nicht für erforderlich erachtet werden, die Militärbehörde auch von Einleitung des Wiederaufhebungsverfahrens und von den in diesem Verfahren ergehenden Beschlüssen und Urtheilen in Kenntniß zu setzen.

Wegen der Kosten des die Entmündigung aussprechenden Beschlusses vergl. unten § 22.

§ 12.

Der Wirksamkeitsbeginn der Entmündigung.

Der Wirksamkeitsbeginn der Entmündigung ist ein verschiedener, je nach dem die Entmündigung wegen Geisteskrankheit oder wegen Geistesschwäche ausgesprochen ist.

Nach der Bestimmung des § 661 CPO. tritt in Wirksamkeit:

1. die Entmündigung wegen Geisteskrankheit:
   a) wenn der Entmündigte unter elterlicher Gewalt oder unter Vormundschaft steht, mit der Zustellung des Entmündigungs-Beschlusses an denjenigen gesetzlichen Vertreter, welchem die Sorge für die Person zusteht,
   b) wenn die zu a) gedachte Voraussetzung nicht zutrifft, mit der Bestellung des Vormundes.
2. die Entmündigung wegen Geistesschwäche:
   in allen Fällen mit der Zustellung des Entmündigungs-Beschlusses an den Entmündigten.

Nach dem bisherigen Recht trat die Entmündigung wegen Geisteskrankheit mit der Mittheilung des Entmündigungs-Beschlusses an die Vormundschaftsbehörde in Wirksamkeit. Da jedoch nach den Bestimmungen der CPO. eine Verkündung des Entmündigungs-Beschlusses nicht stattfindet, so ergab sich in dem regelmäßig gegebenen Falle, daß das Gericht, welches die Entmündigung ausspricht, zugleich auch für die Anordnung der Vormundschaft zuständig ist, der Uebelstand, daß es an einem festen, äußerlich erkennbaren Merkmal für die Bestimmung des Wirksamkeitsbeginnes der Entmündigung fehlte. Diesem Uebelstand ist durch die jetzige Bestimmung des § 661 CPO. abgeholfen, da nunmehr für alle in Betracht kommenden Fälle ein festbestimmter Zeitpunkt gegeben ist, mit welchem die Entmündigung mit ihren tief eingreifenden Folgen wirksam wird. Die

---

[90]) Vergl. Jahrb. Bd. 28 S. 296; Graeff, Bd. 2, S. 370.

Vorschrift des § 661 CPO., daß die Entmündigung wegen bloßer Geistesschwäche mit der Zustellung an den Entmündigten selbst in Wirksamkeit treten soll, ist in den Motiven zutreffend damit begründet, daß der wegen Geistesschwäche Entmündigte nach § 114 BGB. nicht geschäftsunfähig, sondern in gleicher Weise wie ein Minderjähriger, der das siebente Lebensjahr vollendet hat, lediglich in der Geschäftsfähigkeit beschränkt ist und sich jedenfalls in der Lage befindet, von dem seine Entmündigung aussprechenden Beschlusse des Gerichts Kenntniß zu nehmen.

Mit den oben zu 1 und 2 angegebenen Zeitpunkten ist die betreffende Person entmündigt, ohne daß es darauf ankommt, ob der Entmündigungs-Beschluß noch der Anfechtung unterliegt oder nicht.

Welche Bedeutung und welche Folgen die Entmündigung wegen Geisteskrankheit oder wegen Geistesschwäche hat, bestimmt sich fortan lediglich nach den Vorschriften des Bürgerlichen Gesetzbuches. Es ist hier nicht der Ort, die rechtlichen Wirkungen der Entmündigung, wie sie im Bürgerlichen Gesetzbuch festgesetzt worden sind, im Einzelnen einer Erörterung zu unterziehen. Es möge genügen, darauf hinzuweisen, daß

a) die Entmündigung wegen Geisteskrankheit nach § 104 BGB. die Geschäftsunfähigkeit des Entmündigten zur gesetzlichen Folge hat. Die Wirkung dieser Geschäftsunfähigkeit besteht aber darin, daß der Entmündigte ebenso wie derjenige, welcher das siebente Lebensjahr noch nicht vollendet hat oder derjenige, der sich in einem, seiner Natur nach nicht bloß vorübergehenden, die freie Willensbestimmung ausschließenden Zustande krankhafter Störung der Geistesthätigkeit befindet, von der selbstständigen Mitwirkung bei allen rechtsgeschäftlichen Vorgängen ausgeschlossen ist. Seine Willenserklärungen sind nichtig (§ 105 Abs. 1 BGB.); die von Anderen ihm gegenüber abgegebenen Willenserklärungen werden nicht wirksam, bevor sie seinem gesetzlichen Vertreter zugehen (§ 131 Abs. 1 BGB.); nur durch die Handlungen des letzteren kann der wegen Geisteskrankheit Entmündigte unmittelbar berechtigt und verpflichtet werden.*)

b) die Entmündigung wegen Geistesschwäche dagegen bewirkt, daß der Entmündigte in Ansehung der Geschäftsfähigkeit einem Minderjährigen gleichgestellt wird, der das siebente Jahr vollendet hat (§ 114 BGB.). Wie der letztere ist der wegen Geistesschwäche Entmündigte also nach Maßgabe der §§ 107 bis 113 BGB. in seiner Geschäftsfähigkeit beschränkt. Willenserklärungen, durch die er lediglich einen rechtlichen Vortheil erlangt, kann er selbstständig abgeben; zu anderen Willenserklärungen bedarf er der Einwilligung seines gesetzlichen Vertreters. Willenserklärungen, welche

*) Weitere Folgen der Entmündigung wegen Geisteskrankheit s. BGB. § 8 (Wohnsitz); § 1325 (Ehe); § 1418 Nr. 3 (Aufhebung der Verwaltung und Nutznießung des ehemännlichen Nießbrauchsrechts); § 1676 (Ruhen der elterlichen Gewalt); §§ 1780, 1865 (Unfähigkeit zum Vormund oder Mitglied des Familienraths bestellt zu werden); § 1885 (Erledigung des Amtes als Vormund); § 2201 (Unwirksamkeit der Ernennung zum Testamentsvollstrecker); § 2229 (Testamentsfähigkeit).

ihm gegenüber abgegeben werden, werden ohne Weiteres nur wirksam, wenn sie ihm einen rechtlichen Vortheil bringen, anderenfalls bedarf es, damit sie wirksam werden, der Einwilligung des gesetzlichen Vertreters (§ 131 BGB.) *)

Auf Grund der Entmündigung erhalten sowohl der Geisteskranke wie der Geistesschwache einen Vormund (§ 1896 BGB.); auf diese Vormundschaft finden die für die Vormundschaft über einen Minderjährigen geltenden Vorschriften des Bürgerlichen Gesetzbuchs (§§ 1773 bis 1895) Anwendung, soweit sich nicht aus den §§ 1898 bis 1908 BGB. ein Anderes ergiebt. **)

§ 13.

Die Anfechtung des die Entmündigung ablehnenden Beschlusses.

Der Beschluß des Amtsgerichts, durch welchen die Entmündigung einer Person wegen Geisteskrankheit oder wegen Geistesschwäche abgelehnt wird, kann nur mit der sofortigen Beschwerde angefochten werden. Diese Beschwerde steht nach § 663 Abs. 1 CPO. zu:

1. dem Antragsteller,
2. dem Staatsanwalt bei dem vorgesetzten Landgericht,

und zwar diesem ohne Unterschied, ob er den Entmündigungsantrag gestellt oder nur das Verfahren durch Stellung von Anträgen betrieben oder bisher an dem Verfahren sich überhaupt noch nicht betheiligt hat.

Die Beschwerde ist binnen einer Nothfrist von zwei Wochen, welche für den Antragsteller und den Staatsanwalt mit der Zustellung des Beschlusses beginnt, bei dem Amtsgericht, welches den letzteren erlassen hat, einzulegen. Die Einlegung bei dem Beschwerdegericht genügt zur Wahrung der Nothfrist, auch wenn der Fall für dringlich nicht erachtet wird. [91])

Die Einlegung erfolgt durch Einreichung einer Beschwerdeschrift oder durch Erklärung zum Protokoll des Gerichtsschreibers. [92])

Die Beschwerde kann auf neue Thatsachen und Beweise gestützt werden. [93])

---

*) Weitere Folgen der Entmündigung wegen Geistesschwäche s. BGB. §§ 8, 1304, 1418 Nr. 3, 1676, 1780, 1865, 1885, 2201, 2229, 2230, 2253.

**) Vergl. übrigens wegen der vor dem Inkraftreten des Bürgerlichen Gesetzbuches wegen Geisteskrankheit erfolgten Entmündigungen Art. 155 des Einf.Ges. zum BGB.: „Wer zur Zeit des Inkrafttretens des Bürgerlichen Gesetzbuchs wegen Geisteskrankheit entmündigt ist, steht von dieser Zeit an einem nach den Vorschriften des Bürgerlichen Gesetzbuchs wegen Geisteskrankheit Entmündigten gleich."

[91]) Vergl. §§ 569, 577 CPO. Das Amtsgericht ist zu einer Abänderung seines durch die Beschwerde angegriffenen Beschlusses nicht befugt. — Ueber den Begriff „Nothfrist" und über die Berechnung der zweiwöchentlichen Frist vergl. oben S. 24.

[92]) Vergl. § 569 CPO.

[93]) Vergl. § 570 CPO.

Die Entscheidung über die Beschwerde kann ohne vorgängige mündliche Verhandlung erfolgen. Ordnet das Gericht eine schriftliche Erklärung an, so kann dieselbe durch einen Anwalt erfolgen oder zum Protokoll des Gerichtsschreibers abgegeben werden.[94])

Das Beschwerdegericht hat von Amtswegen zunächst zu prüfen, ob die Beschwerde in der gesetzlichen Form und Frist eingelegt ist. Mangelt es an einem dieser Erfordernisse, so ist die Beschwerde als unzulässig zu verwerfen.[95])

Desgleichen kann das Beschwerdegericht auch aus anderen Gründen, z. B. wenn es den Beschluß des Amtsgerichts auf Grund der von dem letzteren angestellten Ermittelungen für begründet erachtet, die Beschwerde sofort und ohne weitere Ermittelungen anzustellen, insbesondere, ohne neue Sachverständige zu hören, zurückweisen. Das ganze Beschwerdeverfahren ist damit von selbst erledigt.

Wird die Beschwerde dagegen für begründet erachtet, so kann das Beschwerdegericht nach seinem Ermessen die alsdann erforderlich erscheinenden neuen Anordnungen entweder selbst treffen oder dem angegriffenen Amtsgericht überlassen.

Will es die Anordnungen selbst treffen, so finden auf das weitere Verfahren die Vorschriften der §§ 652, 653 CPO. entsprechende Anwendung.[96])

Das Beschwerdegericht hat demgemäß ebenfalls von Amtswegen unter Benutzung der in dem Entmündigungsantrag oder in der Beschwerde angegebenen Thatsachen und Beweismittel die zur Feststellung des Geisteszustandes erforderlichen Ermittelungen zu veranstalten und die geeignet erscheinenden Beweismittel aufzunehmen; es kann insbesondere die Beibringung neuer ärztlicher Zeugnisse anordnen, eine nochmalige Vernehmung des zu Entmündigenden veranlassen und neue Sachverständige hören. Die Bestimmungen der §§ 654 und 655 CPO. finden unzweifelhaft — obwohl dies nicht ausdrücklich vorgeschrieben ist[97]) — entsprechende Anwendung. Auch das Beschwerdegericht darf jedenfalls die Entmündigung nicht aussprechen, bevor es einen oder mehrere Sachverständige über den Geisteszustand des zu Entmündigenden gehört hat, vorausgesetzt, daß nicht etwa schon vom angegriffenen Amtsgericht Sachverständige gehört sind, und deren Gutachten vom Beschwerdegericht für genügend und zutreffend erachtet wird.

Eine Bestimmung darüber, ob das Beschwerdegericht, falls es die Entmündigung ausspricht, seinen dahin gehenden Beschluß nach den Vorschriften der §§ 659, 660 CPO. dem Antragsteller, dem Staatsanwalt, dem gesetzlichen Vertreter oder im Falle der Entmündigung wegen Geistesschwäche dem Entmündigten selbst zustellen und der Vormundschaftsbehörde mittheilen oder diese Zustellung bezw. Mittheilung dem angegriffenen

---

[94]) Vergl. § 573 CPO.
[95]) Vergl. § 574 CPO.
[96]) Vergl. § 663 Abs. 2 CPO.
[97]) Vergl. dagegen § 671 Abs. 1 CPO.

Amtsgericht überlassen soll, ist in der Civilprozeßordnung nicht getroffen. Es muß dies nach Lage des einzelnen Falles in das Ermessen des Beschwerdegerichts gestellt bleiben; insbesondere ist eine Verpflichtung des Beschwerdegerichts, die von ihm ausgesprochene Entmündigung sofort der Vormundschaftsbehörde mitzutheilen, gesetzlich nicht anerkannt. In Betreff der Kosten der Beschwerdeinstanz vergl. unten § 22 und über das Recht der weiteren Beschwerde § 568 Abs. 2 CPO.[98])

§ 14.

Die Anfechtung des die Entmündigung aussprechenden Beschlusses — Anfechtungsklage.*) —

Der die Entmündigung aussprechende Beschluß kann nur im Wege der Klage angefochten werden.[99])

Eine sofortige Beschwerde (§ 663 CPO.) gegen den Entmündigungsbeschluß ist nicht zulässig.

Nach den Regierungsentwürfen war das Entmündigungsverfahren ein kontradiktorisches, in welchem demzufolge die gewöhnlichen Rechtsmittel Anwendung finden konnten. Nach den Beschlüssen der Subkommission trat an die Stelle des kontradiktorischen Verfahrens ein Offizialverfahren, dessen definitiver Charakter dadurch noch mehr verschärft wurde, daß man die Wirksamkeit des Entmündigungsbeschlusses mit der meistens mit dem Akte des Erlasses zusammenfallenden Mittheilung an die Vormundschaftsbehörde eintreten ließ. Ohne Rücksicht auf die Anfechtbarkeit des Beschlusses tritt mit dem Erlaß bezw. mit der Mittheilung desselben die Entmündigung ein, und aus diesem definitiven Charakter des Entmündigungsbeschlusses folgt dann mit Nothwendigkeit, daß der letztere nur mittelst einer förmlichen Klage angefochten werden kann.

Diese im § 664 CPO. nunmehr gewährte sog. Anfechtungsklage ist von der im § 679 CPO. konstituirten sog. Wiederaufhebungsklage streng auseinander zu halten. Die Anfechtungsklage greift den Entmündigungsbeschluß als von vornherein unbegründet an, während die Wiederaufhebungsklage die Aufhebung des an sich begründeten Beschlusses erstrebt, weil die Gründe der Entmündigung nachträglich weggefallen sind.

I. Die Gerichtszuständigkeit.

Für die Anfechtungsklage ist dasjenige Landgericht ausschließlich zu-

---

[98]) Der § 568 Abs. 2 CPO. lautet: „Gegen die Entscheidung des Beschwerdegerichts findet, soweit nicht in derselben ein neuer selbständiger Beschwerdegrund enthalten ist, eine weitere Beschwerde nicht statt."

*) Ein Musterbeispiel einer Anfechtungsklage s. im Anhang.

[99]) Vergl. § 664 Abs. 1 CPO.

ständig, in dessen Bezirke das Amtsgericht, welches über die Entmündigung entschieden hat, seinen Sitz hat.[100])

In der Justizkommission war z. B. der Antrag gestellt, von der Entscheidung über die Anfechtungsklage gesetzlich diejenigen Mitglieder des Landgerichts auszuschließen, welche im Falle des § 663 CPO. an der Entscheidung über die Beschwerde Theil genommen haben, da es vorkommen könne, daß die Entmündigung auf Beschwerde von dem Landgericht ausgesprochen werde, und deßhalb die Möglichkeit, daß dieselben Richter des Landgerichts, welche über die Beschwerde entschieden, auch über die Anfechtungsklage aburtheilen, ausgeschlossen werden müsse. Der Antrag wurde jedoch abgelehnt, nachdem von anderer Seite zunächst hervorgehoben war, daß bei der Beschlußfassung über die Beschwerde eine ganz andere Sachlage vorhanden sei, als bei der Aburtheilung über die Anfechtungsklage, so daß derselbe Richter wohl zu einer anderen Ansicht über die Sache gelangen könne, und nachdem man darauf hingewiesen hatte, daß auch ohne eine dahin lautende ausdrückliche gesetzliche Bestimmung regelmäßig andere Richter als jene, die über die Beschwerde Recht gesprochen, zur Aburtheilung über die Anfechtungsklage bestimmt werden würden.[1])

Selbstverständlich steht es jeder Partei frei, in Gemäßheit der §§ 42 ff. CPO.[2]) ein Ablehnungsgesuch gegen einen bestimmten Richter bei dem

---

[100]) Vergl. § 665 CPO.

[1]) Vergl. Prot. S. 463.

[2]) Die §§ 42 ff. CPO., soweit dieselben hier interessiren, lauten:

§ 42. Ein Richter kann sowohl in den Fällen, in welchen er von der Ausübung des Richteramtes kraft Gesetzes ausgeschlossen ist, als auch wegen Besorgniß der Befangenheit abgelehnt werden.

Wegen Besorgniß der Befangenheit findet die Ablehnung statt, wenn ein Grund vorliegt, welcher geeignet ist, Mißtrauen gegen die Unparteilichkeit eines Richters zu rechtfertigen.

Das Ablehnungsrecht steht in jedem Falle beiden Parteien zu.

§ 43. Eine Partei kann einen Richter wegen Besorgniß der Befangenheit nicht mehr ablehnen, wenn sie bei demselben, ohne den ihr bekannten Ablehnungsgrund geltend zu machen, in eine Verhandlung sich eingelassen oder Anträge gestellt hat.

§ 44. Das Ablehnungsgesuch ist bei dem Gerichte, welchem der Richter angehört, anzubringen; es kann vor dem Gerichtsschreiber zu Protokoll erklärt werden.

Der Ablehnungsgrund ist glaubhaft zu machen; zur Versicherung an Eidesstatt darf die Partei nicht zugelassen werden. Zur Glaubhaftmachung kann auf das Zeugniß des abgelehnten Richters Bezug genommen werden.

Der abgelehnte Richter hat sich über den Ablehnungsgrund dienstlich zu äußern.

Wird ein Richter, bei welchem die Partei in eine Verhandlung sich eingelassen oder Anträge gestellt hat, wegen Besorgniß der Befangenheit abgelehnt, so ist glaubhaft zu machen, daß der Ablehnungsgrund erst später entstanden oder der Partei bekannt geworden sei.

§ 45. Ueber das Ablehnungsgesuch entscheidet das Gericht, welchem der Abgelehnte angehört; wenn dasselbe durch Ausscheiden des abgelehnten Mitglieds beschlußunfähig wird, das im Instanzenzuge zunächst höhere Gericht.

Wird ein Amtsrichter abgelehnt, so entscheidet das Landgericht. Einer Entscheidung bedarf es nicht, wenn der Amtsrichter das Ablehnungsgesuch für begründet hält.

Gericht anzubringen, wenn nach ihrer Ansicht ein Grund vorliegt, welcher geeignet ist, Mißtrauen gegen die Unparteilichkeit des betreffenden Richters zu rechtfertigen.

II. Die Klageberechtigung.

Das Recht zur Erhebung der Anfechtungsklage haben nach § 664 Abs. 2 CPO.:

1. der Entmündigte selbst.

Die Entmündigung macht den Entmündigten für den Anfechtungsprozeß nicht prozeßunfähig; es wird dem Entmündigten für dieses Verfahren trotz der Bestimmung des § 51 CPO. unzweifelhaft die volle Handlungs- und Verpflichtungsfähigkeit belassen. Nach der bestimmten Fassung des § 664 Abs. 2 CPO. kann deßhalb auch ein Zweifel darüber nicht obwalten, daß der Entmündigte die Anfechtungsklage selbst dann erheben kann, wenn er in Folge des Entmündigungsbeschlusses bereits einen Vormund erhalten hatte. Das Recht zur Erhebung der Klage muß dem Entmündigten sogar ohne oder gegen den Willen des Vormunds zugestanden werden.

In Folge des bei den Landgerichten bestehenden Anwaltszwanges kann der Entmündigte die Klage nur durch einen Rechtsanwalt erheben. Einen solchen kann er unbedenklich selbstständig mit seiner Vertretung betrauen; er wird demselben gegenüber alsdann zur Zahlung der gesetzlichen Gebühren verpflichtet, auch wird eine vertragsmäßige Erhöhung der letzteren in diesem Fall nicht für ausgeschlossen erachtet werden können.[3]) Der bevollmächtigte Rechtsanwalt muß eine schriftliche Vollmacht des Entmündigten beibringen.[4])

Andererseits ist dem Entmündigten, welcher die Anfechtungsklage erheben will, durch die Vorschrift des § 668 CPO. aber auch das Recht gegeben, die Beiordnung eines Rechtsanwalts bei dem Vorsitzenden des Prozeßgerichts zu beantragen.

Diesem Antrag muß unbedingt, auch wenn der Entmündigte zum Armenrecht nicht zugelassen ist, und insbesondere ohne Rücksicht auf die Vorschrift des § 33 der Rechtsanwaltsordnung[5]) stattgegeben werden.

---

§ 46. Die Entscheidung über das Ablehnungsgesuch kann ohne vorgängige mündliche Verhandlung erfolgen.

Gegen den Beschluß, durch welchen das Gesuch für begründet erklärt wird, findet kein Rechtsmittel; gegen den Beschluß, durch welchen das Gesuch für unbegründet erklärt wird, findet sofortige Beschwerde statt.

In Betreff der Einlegung ꝛc. der sofortigen Beschwerde vergl. oben S. 24.

[3]) Vergl. Geb.Ordn. für RA. § 93 Abs. 1.

[4]) Vergl. § 80 Abs. 1 CPO.

[5]) Der § 33 der RAO. v. 1. Juli 1878 lautet: „Außer den in der Civilprozeßordnung bezeichneten Fällen hat das Prozeßgericht, insoweit eine Vertretung durch Anwälte geboten ist, einer Partei auf Antrag einen Rechtsanwalt zur Wahrnehmung ihrer Rechte beizuordnen, wenn die Partei einen zu ihrer Vertretung geeigneten Anwalt nicht findet und die Rechtsverfolgung oder Rechtsvertheidigung nicht muthwillig oder aussichtslos erscheint."

Ein Recht auf Beiordnung eines Rechtsanwalts wird übrigens dem Entmün-

Der beigeordnete Rechtsanwalt ist verpflichtet, für den Entmündigten die Anfechtungsklage zu erheben und sich der weiteren Vertretung des Entmündigten zu unterziehen; er kann insbesondere die Uebernahme der Vertretung nicht davon abhängig machen, daß ihm ein nach den Vorschriften der Gebührenordnung zu bemessender Vorschuß gezahlt wird.[6]) Im Uebrigen kann es einem Bedenken nicht unterliegen, daß der beigeordnete Rechtsanwalt, sofern der Entmündigte nicht zum Armenrecht zugelassen ist, von dem letzteren wie von jeder anderen Partei und wie in dem Falle, wenn er von dem Entmündigten selbst bevollmächtigt ist, Zahlung der ihm gesetzlich zustehenden Gebühren beanspruchen kann.

Die Beiordnung eines Rechtsanwalts erfolgt nach § 47. Nr. 9 des Gerichtskostengesetzes vom 18. Juni 1878 gebührenfrei.

Daß der beigeordnete Rechtsanwalt noch eine besondere Vollmacht des Entmündigten beibringen müsse, kann für erforderlich nicht erachtet werden.

Nach dem Tode des Entmündigten kann die von dem letzteren erhobene Anfechtungsklage von seinen Erben fortgesetzt werden, da diese an der endgültigen Aburtheilung der Klage schon wegen der Bestimmung des § 115 BGB. ein erhebliches rechtliches Interesse haben. Den Erben des Entmündigten nach dem Tode des letzteren auch ein selbstständiges Klagerecht zu gewähren, verbietet der Wortlaut des § 664 Abs. 2 CPO., nach welchem das Recht zur Erhebung der Anfechtungsklage nur dem Entmündigten selbst als höchst persönliches Recht eingeräumt ist.

2. derjenige gesetzliche Vertreter des Entmündigten, welchem die Sorge für die Person zusteht.

3. diejenigen Personen, welche sonst nach § 646 Abs. 1 CPO. zur Stellung des Entmündigungsantrags berechtigt sind.

Das Recht zur Erhebung der Anfechtungsklage steht danach dem Ehegatten und jedem Verwandten des Entmündigten ohne Unterschied des Grades der Verwandtschaft zu.

Die im § 646 Abs. 1 CPO. für die Antragsberechtigung gegebenen Beschränkungen (s. oben S. 15) können eine anologe Anwendung auf die Klageberechtigung nicht finden, und ebensowenig wird das Klagerecht des Ehegatten oder der Verwandten etwa dadurch ausgeschlossen, daß sie selbst früher den Entmündigungsantrag gestellt hatten.

4. der Staatsanwalt.

Der Staatsanwalt bei dem vorgesetzten Landgericht ist in allen Fällen zur Erhebung der Anfechtungsklage berechtigt, ohne Unterschied, ob er bisher bereits bei dem Entmündigungsverfahren mitgewirkt hat oder nicht. Das Klagerecht steht demselben auch in dem Falle zu, wenn er selbst die Entmündigung beantragt hat, da er als Vertreter des öffentlichen Interesse an einen früher von ihm irrthümlich gestellten Antrag unmöglich gebunden sein kann.

---

digten dann nicht mehr zugestanden werden können, wenn er einmal die Klage durch einen von ihm selbst bevollmächtigten Rechtsanwalt hat erheben lassen.

[6]) Vergl. § 38 RAOrdn.

Wie für den Entmündigten selbst, wenn er die Anfechtungsklage erheben will, so besteht auch für die zu 2) und 3) bezeichneten klageberechtigten Personen der Anwaltszwang; sie müssen sich durch einen bei dem Landgericht zugelassenen Rechtsanwalt vertreten lassen und den letzteren mit schriftlicher Vollmacht versehen.[6a])

Der Staatsanwalt dagegen erhebt im öffentlichen Interesse, nicht als Privatpartei, die Klage, und es besteht deßhalb auch für ihn kein Zwang, einen Rechtsanwalt als Vertreter anzunehmen.

III. Die Klagefrist.

Die Frage, ob für die Erhebung der Anfechtungsklage überhaupt eine Frist zu setzen sei, ist in der Justizkommission Gegenstand lebhafter und eingehender Erörterung gewesen. Man gelangte zu dem Ergebniß, daß man die Frist nicht entbehren könne, einerseits, um das Entmündigungsverfahren zum Abschlusse zu bringen, andererseits, um das Verfahren der Wiederaufhebung des Entmündigungsbeschlusses wegen Genesung des Entmündigten von dem Verfahren der Anfechtung so scharf als möglich auseinanderzuhalten.

Nach der in Folge dieser Erwägungen in den § 664 Abs. 1 CPO. aufgenommenen Bestimmung muß die Anfechtungsklage binnen der Frist eines Monats erhoben werden.

Der Beginn dieser einmonatlichen Frist ist nach § 664 Abs. 3 CPO. ein verschiedener, je nachdem es sich um eine Entmündigung wegen Geisteskrankheit oder um eine solche wegen Geistesschwäche handelt.

Die Frist beginnt:

1. im Falle der Entmündigung wegen Geisteskrankheit:
   a) für den Entmündigten
      mit dem Zeitpunkt in welchem er von der Entmündigung Kenntniß erlangt hat,
   b) für die übrigen zur Erhebung der Klage befugten Personen (§ 664 Abs. 2 CPO.)
      mit dem Zeitpunkt, in welchem die Entmündigung in Wirksamkeit tritt (s. oben),
2. im Falle der Entmündigung wegen Geistesschwäche:
   a) für den Entmündigten
      mit der Zustellung des Entmündigungsbeschlusses,
   b) für den gesetzlichen Vertreter des unter elterlicher Gewalt oder unter Vormundschaft stehenden Entmündigten
      mit dem Zeitpunkt, in welchem ihm der Beschluß zugestellt wird
   c) für die übrigen zur Erhebung der Klage befugten Personen
      mit der Zustellung des Entmündigungs-Beschlusses an den Entmündigten.

[6a]) Vergl. §§ 78 ff. CPO.

Die für die Erhebung der Anfechtungsklage gewährte einmonatliche Frist ist keine Nothfrist. Der Lauf derselben wird daher durch die Gerichtsferien gehemmt. Der noch übrige Theil der Frist beginnt mit dem Ende der Ferien zu laufen. Fällt der Anfang der Frist in die Ferien, so beginnt der Lauf der Frist erst mit dem Ende derselben.[7])

Für die Berechnung der Frist gelten die Vorschriften der §§ 187, 188, 193 BGB.[8]) Danach endigt die einmonatliche Frist mit dem Ablaufe desjenigen Tages des folgenden Monats, welcher durch seine Zahl dem Tage entspricht, an welchem die Frist begonnen hat; fehlt dieser Tag in dem folgenden Monat, so endigt die Frist mit dem Ablauf des letzten Tages dieses Monats. Fällt der letzte Tag der Frist auf einen Sonntag oder einen am Orte der Klageerhebung staatlich anerkannten allgemeinen Feiertag, so tritt an die Stelle des Sonntags oder des Feiertags der nächstfolgende Werktag.

Durch Vereinbarung der Parteien kann die Frist nicht verlängert werden, weil vor der Klageerhebung keine Parteien im Sinne des eine solche Vereinbarung sonst zulassenden § 224 Abs. 1 CPO. nicht vorhanden sind. Desgleichen ist, da die Frist eine gesetzliche ist, eine Verlängerung derselben durch das Gericht unzulässig.

Wegen Versäumung der Klagefrist kann das Gericht die Anfechtungsklage von Amtswegen nicht zurückweisen. Eine dahin lautende, den Vorschriften ihrer §§ 341, 535, 566 und 589 analoge Bestimmung hat die CPO. für die Anfechtungsklage nicht getroffen; die Versäumung der Klagefrist kann deßhalb stets nur die Einrede der Präklusion begründen.

Gegen den Ablauf der Klagefrist findet eine Wiedereinsetzung in den vorigen Stand nicht statt; die hierin anscheinend liegende Härte wird in der Praxis dadurch wieder ausgeglichen, daß zu jeder Zeit nach § 675 CPO. der Antrag auf Wiederaufhebung der Entmündigung gestellt werden kann.

IV. Das Prozeßverfahren bis zum Urtheil.

Auf das Verfahren im Anfechtungsprozeß finden die allgemeinen Bestimmungen der §§ 253 ff. CPO. über das Verfahren vor den Landgerichten entsprechende Anwendung, insoweit nicht in den §§ 666 bis 671 CPO. und im § 172 Abs. 1 GVG. besondere Vorschriften gegeben sind.

Danach regelt sich das Verfahren in dem auf die Klage wegen Anfechtung einer Entmündigung wegen Geisteskrankheit oder Geistesschwäche eingeleiteten Verfahren in seinen Grundzügen wie folgt:

1. Die Klage des Staatsanwalts ist gegen denjenigen gesetzlichen Vertreter des Entmündigten zu richten, welchem die Sorge für die Person zusteht.[9])

2. Die Klage aller übrigen klageberechtigten Personen

---

[7]) Vergl. § 223 CPO.
[8]) Vergl. § 222 CPO.
[9]) Vergl. § 666 Abs. 2 CPO.

ist in allen Fällen gegen den Staatsanwalt des für die Anfechtungsklage zuständigen Landgerichts (§ 665 CPO.) zu richten.[10])

3. Die Erhebung der Klage — des Staatsanwalts sowohl wie der übrigen klageberechtigten Personen — erfolgt nach § 253 CPO. durch Zustellung eines Schriftsatzes. Derselbe muß enthalten:

1. die Bezeichnung der Parteien und des Gerichts;
2. die bestimmte Angabe des Gegenstandes und des Grundes des erhobenen Anspruchs, sowie einen bestimmten Antrag.

   Gegenstand und Grund der Anfechtungsklage kann stets nur der Fortbestand der Entmündigung sein; der Anspruch des Klägers kann nur darauf hinausgehen, daß der die Entmündigung aussprechende Beschluß wieder aufgehoben wird. Der Antrag kann daher auch nur dahin lauten:

   „den die Entmündigung des N. N. aussprechenden Beschluß des Amtsgerichts zu N. N. aufzuheben."
3. die Ladung des Beklagten vor das Prozeßgericht zur mündlichen Verhandlung des Rechtsstreits.[11])

Für die Klage des Staatsanwalts ist hierbei die Vorschrift des § 215 CPO. zu beachten, nach welcher, falls der beklagte gesetzliche Vertreter des Entmündigten nicht selbst ein Rechtsanwalt ist, die Ladung auch die Aufforderung an den Gegner enthalten muß, einen bei dem Prozeßgericht zugelassenen Anwalt zu bestellen.

Zum Zwecke der Bestimmung des Termins zur mündlichen Verhandlung ist die Klageschrift bei dem Gerichtsschreiber des Prozeßgerichts einzureichen.[12]) Nach erfolgter Bestimmung des Termins[13]) hat der Kläger für die Zustellung der Klageschrift an den Beklagten Sorge zu tragen.[14]) Durch wen und wie die Zustellung erfolgt, bestimmt sich nach den Vorschriften der §§ 166 ff. CPO.

4. Die Verbindung einer anderen Klage mit der Anfechtungsklage ist nach der Bestimmung des § 667 Abs. 1 CPO. unzulässig.

5. Ladung des Antragstellers. Wenn eine der im § 646 Abs. 1 CPO. bezeichneten Personen die Entmündigung beantragt hatte, so ist diese Person unter Mittheilung der Klageschrift zum Termine zur mündlichen Verhandlung zu laden (§ 666 Abs. 3 CPO.). Die Ladung liegt in allen Fällen dem Kläger ob, also auch dem Staatsanwalt, wenn dieser nach § 666 Abs. 2 die Klage erhoben hat.

---

[10]) Vergl. § 666 Abs. 1 CPO. und § 143 Ger.Verf.Ges.

[11]) Vergl. § 253 Abs. 2 CPO. Der Abs. 3 das., betr. die Angabe des Werthes, findet keine Anwendung; dagegen kommen nach Abs. 4 das. außerdem die allgemeinen Bestimmungen über die vorbereitenden Schriftsätze zur Anwendung.

[12]) Vergl. § 261 Abs. 1 CPO.

[13]) Bei der Terminsbestimmung ist § 262 CPO. zu beachten, welcher lautet: „Zwischen der Zustellung der Klageschrift und dem Termine zur mündlichen Verhandlung muß ein Zeitraum von mindestens zwei Wochen liegen (Einlassungsfrist). Ist die Zustellung im Auslande vorzunehmen, so hat der Vorsitzende bei Festsetzung des Termins die Einlassungsfrist zu bestimmen."

[14]) Vergl. § 261 Abs. 2 CPO.

In Betreff der Form der Ladung müssen die Vorschriften der §§ 214, 215 CPO. in Verbindung mit den allgemeinen Bestimmungen der letzteren über Zustellung entsprechende Anwendung finden. Die Ladung ist also in die für den Antragsteller bestimmte Klageschrift aufzunehmen und die letztere alsdann durch den Gerichtsvollzieher dem Antragsteller zuzustellen. Sofern die Zustellung nicht an einen Rechtsanwalt erfolgt, muß die Ladung auch die Aufforderung an den Antragsteller enthalten, einen bei dem Prozeßgericht zugelassenen Anwalt zu bestellen.[15]

Im Uebrigen ist es nicht erforderlich, daß die Ladung des Antragstellers auch innerhalb der einmonatlichen Klagefrist des § 664 Abs. 1 CPO. erfolgt; jedenfalls muß aber nach § 217 CPO. die Frist zwischen der Zustellung der Ladung und dem Terminstage mindestens eine Woche betragen.

Ob der geladene Antragsteller der Ladung Folge leisten und ob er dem Kläger oder dem Beklagten beitreten will, ist lediglich seine Sache und für den Lauf des Anfechtungsprozesses bedeutungslos. Im Falle des Beitritts gilt er jedoch im Sinne des § 62 CPO. als Streitgenosse derjenigen Hauptpartei, welcher er sich angeschlossen hat.[16]

Das Unterlassen der Ladung des Antragstellers muß eine Vertagung der Verhandlung nach sich ziehen, welche entweder auf Antrag einer der Parteien oder auch von Amtswegen beschlossen werden kann, da dem Antragsteller unbedingt Gelegenheit gegeben werden soll, sein Interesse an der Aufrechterhaltung oder Aufhebung der Entmündigung geltend zu machen.

6. Eine Widerklage ist nach der Bestimmung des § 667 Abs. 2 CPO. unzulässig.[17]

7. Bei der mündlichen Verhandlung haben die Parteien die Ergebnisse der bei dem Amtsgericht stattgehabten Sachuntersuchung, soweit dies zur Prüfung der Richtigkeit des angefochtenen Beschlusses erforderlich ist, vollständig vorzutragen. Im Falle der Unrichtigkeit oder Unvollständigkeit des Vortrags hat der Vorsitzende dessen Berichtigung nöthigenfalls unter Wiedereröffnung der Verhandlung zu veranlassen.[18]

Es entspricht dies im Wesentlichen den im § 526 CPO. für die mündliche Verhandlung in der Berufungsinstanz gegebenen Vorschriften. Eine dem § 544 Abs. 1 CPO. entsprechende Vorschrift, daß der Gerichtsschreiber des Landgerichts, nachdem die Anfechtungsklage zur Terminsbestimmung eingereicht ist, von dem Gerichtsschreiber des Amtsgerichts die Entmündigungs-Akten des letzteren einfordern soll, ist nicht getroffen. Es wird sich jedoch diese bereits vor der mündlichen Verhandlung erfolgende

---

[15]) Vergl. § 215 CPO.

[16]) Der § 62 CPO. lautet:

„Kann das streitige Rechtsverhältniß allen Streitgenossen gegenüber nur einheitlich festgestellt werden, oder ist die Streitgenossenschaft aus einem sonstigen Grunde eine nothwendige, so werden, wenn ein Termin oder eine Frist nur von einzelnen Streitgenossen versäumt wird, die säumigen Streitgenossen als durch die nicht säumigen vertreten angesehen.

Die säumigen Streitgenossen sind auch in dem späteren Verfahren zuzuziehen."

[17]) Vergl. die analoge Vorschrift in Ehesachen: §§ 615, 633 CPO.

[18]) Vergl. § 669 CPO.

Einforderung der Akten aus Zweckmäßigkeitsgründen dringend empfehlen, da sonst die Einforderung in der mündlichen Verhandlung von dem Landgericht stets noch besonders beschlossen werden muß.

Der Einsicht und Benutzung der amtsgerichtlichen Entmündigungsakten durch die Parteien steht das sonst für das amtsgerichtliche Verfahren geltende Prinzip der Ausschließung der Oeffentlichkeit nicht entgegen.

8. Der Parteieid ist im Anfechtungsverfahren ausgeschlossen.[19])

Unter dem Ausdruck „Parteieid" ist sowohl der zugeschobene und zurückgeschobene (§§ 445 ff. CPO.), wie der richterliche Eid (§§ 475 ff. CPO.), der Wahrheitseid (§ 459 Abs. 1 CPO.) wie der Ueberzeugungseid (§ 459 Abs. 2 und 3 CPO.), der Editionseid (§ 426 CPO.) wie die eidliche Versicherung zur Glaubhaftmachung (§ 294 CPO.) und der Offenbarungseid (§§ 807, 883 CPO.) begriffen.

Alle diese Eide können nicht zur Anwendung kommen.

9. Die entsprechende Anwendung des § 617 Abs. 1, 3 und der §§ 618, 622 CPO.

In dem amtsgerichtlichen Entmündigungsverfahren ist die Thätigkeit des Gerichts der Hauptsache nach von dem Verhalten der Betheiligten unabhängig. Das Verfahren auf die Anfechtungsklage bezweckt eine Nachprüfung der früheren Entscheidung, und es erscheint daher gerechtfertigt, auch hier dem Verfügungsrecht der Parteien entsprechende Schranken zu ziehen. Im Anschluß an die Vorschriften, welche in Ehesachen für die Nichtigkeitsklage und die Klage auf Feststellung des Bestehens oder Nichtbestehens einer Ehe zwischen den Parteien gelten, hat deßhalb die CPO. im § 670 Abs. 1 bestimmt, daß im Anfechtungsverfahren die Vorschriften des § 617 Abs. 1 und 3 und der §§ 618, 622 CPO. entsprechende Anwendung finden sollen.

Der § 617 CPO. lautet:

> „Die Vorschrift über die Wirkung eines Anerkenntnisses kommt nicht zur Anwendung.
>
> Die Vorschriften über die Folgen der unterbliebenen oder verweigerten Erklärung über Thatsachen oder über die Echtheit von Urkunden, die Vorschriften über den Verzicht der Parteien auf die Beeidigung von Zeugen und Sachverständigen, die Vorschriften über die Wirkung eines gerichtlichen Geständnisses und der Erlassung eines Eides, sowie die Vorschriften über die Eideszuschiebung und den Antrag, dem Gegner die Vorlegung einer Urkunde aufzugeben, finden keine Anwendung in Ansehung solcher Thatsachen, welche die Scheidung oder die Anfechtung der Ehe oder das Recht, die Herstellung des ehelichen Lebens zu verweigern, begründen sollen.
>
> In einem Rechtsstreite, welcher die Nichtigkeit der Ehe oder die Feststellung des Bestehens oder Nichtbestehens einer Ehe zwischen den Parteien zum Gegenstande hat, finden die im Abs. 2 bezeichneten Vorschriften sowohl in Ansehung solcher Thatsachen, welche die Nichtigkeit oder das Nichtbestehen der Ehe, als auch

---

[19]) Vergl. § 670 Abs. 2 CPO.: „Der Parteieid ist ausgeschlossen."

in Ansehung solcher Thatsachen, keine Anwendung, welche die Gültigkeit oder das Bestehen der Ehe begründen sollen."

Der § 618 lautet:

„Die Vorschrift des § 261 Abs. 2 kommt nicht zur Anwendung.[20])

Erscheint der Beklagte in dem auf die Klage zur mündlichen Verhandlung anberaumten Termine nicht, so kann erst in einem neuen, auf Antrag des Klägers zu bestimmenden Termine verhandelt werden.

Der Beklagte ist zu jedem Termine, welcher nicht in seiner Gegenwart anberaumt wurde, zu laden.

Die Vorschriften der Abs. 2, 3 finden keine Anwendung, wenn der Beklagte durch öffentliche Zustellung geladen, aber nicht erschienen ist.

Ein Versäumnißurtheil gegen den Beklagten ist unzulässig.

Die Vorschriften der Abs. 2—5 finden auf den Widerbeklagten entsprechende Anwendung."

Da im Anfechtungsverfahren eine Widerklage überhaupt nicht zulässig ist (§ 667 Abs. 2 CPO.), kann Abs. 6 des § 618 selbstverständlich in diesem Verfahren keine Anwendung finden.

Der § 622 CPO. bestimmt endlich:

„Zum Zwecke der Aufrechterhaltung der Ehe kann das Gericht Thatsachen, welche von den Parteien nicht vorgebracht sind, berücksichtigen und die Aufnahme von Beweisen von Amtswegen anordnen. Vor der Entscheidung sind die Parteien zu hören.

Diese Vorschriften finden in einem Rechtsstreite, welcher die Nichtigkeit der Ehe oder die Feststellung des Bestehens oder Nichtbestehens einer Ehe zwischen den Parteien zum Gegenstande hat, auch zum Zwecke der Ermittelung, ob die Ehe nichtig ist oder nicht besteht, Anwendung."

10. Die Bestimmungen der §§ 654, 655 CPO. finden in dem Anfechtungsverfahren entsprechende Anwendung.

Der Entmündigte ist deßhalb auch im Anfechtungsverfahren der Regel nach wieder persönlich unter Zuziehung eines oder mehrerer Sachverständigen zu vernehmen, falls nicht nach dem Ermessen des Gerichts die Vernehmung mit besonderen Schwierigkeiten verbunden oder nicht ohne Nachtheil für den Gesundheitszustand des Entmündigten ausführbar ist. Einer Vernehmung des Entmündigten vor dem Kollegium werden in den meisten Fällen mit Recht von ärztlicher Seite Bedenken entgegengestellt werden, und wenn in diesen Fällen das Gericht trotzdem die nochmalige persönliche Vernehmung des Entmündigten für erforderlich erachtet, so wird es dieselbe der Vorschrift des § 654 Abs. 2 CPO. entsprechend durch einen ersuchten oder beauftragten Richter bewirken lassen müssen. Von

---

[20]) § 261 Abs. 2 CPO. bestimmt: „Der Termin (zur mündlichen Verhandlung) soll nur soweit hinausgerückt werden, als es zur Wahrung der Einlassungsfrist geboten erscheint."

einer Vernehmung durch einen beauftragten Richter ist zwar im § 654 Abs. 2 CPO. nichts erwähnt, indessen wird man unbedenklich annehmen können, daß auch eine solche in „entsprechender" Anwendung des § 654 CPO. gestattet sei, zumal der Fall, daß das Kollegium sich in die Wohnung rc. des Entmündigten begiebt, um denselben dort zu vernehmen sich wohl schwerlich ereignen dürfte.

In entsprechender Anwendung des § 655 hat das Landgericht alsdann auch der Regel nach vor seiner Entscheidung einen oder mehrere Sachverständige über den Geisteszustand des zu Entmündigenden zu hören. Das Gericht darf jedoch von der Vernehmung Sachverständiger Abstand nehmen, wenn es das vor dem Amtsgericht abgegebene Gutachten für genügend erachtet (§ 671 Abs. 2 CPO.).

11. Der Ausschluß der Oeffentlichkeit. In dem auf die Anfechtungsklage eingeleiteten Verfahren ist die Oeffentlichkeit, während der Vernehmung des Entmündigten unbedingt und ohne daß es eines Parteiantrages bedarf, auszuschließen. [21]) Die Vernehmung des Entmündigten in öffentlicher Sitzung ist Revisionsgrund aus § 551 Ziff. 6 CPO. [22])

Auch für den übrigen Theil der Verhandlung vor dem erkennenden Gericht kann auf Antrag einer Partei die Oeffentlichkeit ausgeschlossen werden [23]), und das Gericht kann unbedenklich für die gesammte Verhandlung oder einen Theil derselben auch im Anfechtungsverfahren die Oeffentlichkeit ausschließen, wenn eine Gefährdung der öffentlichen Ordnung, insbesondere der Staatssicherheit, oder eine Gefährdung der Sittlichkeit zu besorgen ist. [24])

Die Verkündung des Urtheils erfolgt in jedem Falle öffentlich. Durch einen besonderen Beschluß des Gerichts kann jedoch für die Verkündung der Urtheilsgründe oder eines Theiles derselben die Oeffentlichkeit ausgeschlossen werden, wenn sie eine Gefährdung der Staatssicherheit oder eine Gefährdung der Sittlichkeit besorgen läßt. [25])

V. Das Urtheil und die gegen dasselbe zulässigen Rechtsmittel.

I. Das Urtheil.

Das Urtheil des Landgerichts im Anfechtungsprozeß kann lauten auf:

1. Abweisung der Anfechtungsklage,
   oder auf:
2. Aufhebung des die Entmündigung aussprechenden Beschlusses. [26])

---

[21]) Vergl. § 172 GVG. S. oben S. 30.

[22]) Vergl. Erkenntniß des Reichsgerichts v. 4. Dezember 1883, Annal. Bd. 9 S. 271.

[23]) Vergl. § 172 Ger.Verf.Ges.

[24]) Vergl. § 173 ebenda in der Fassung des Gesetzes v. 5. April 1888.

[25]) Vergl. § 174 ebenda in der Fassung des Gesetzes v. 5. April 1888.

[26]) Ueber die Unzulässigkeit des Versäumnißurtheils gegen den ausgebliebenen Beklagten vergl. oben S. 66.

Das Gericht hat seine Entscheidung dem Grundsatz des § 286 CPO. gemäß unter Berücksichtigung des gesammten Inhalts der Verhandlungen und des Ergebnisses einer etwaigen Beweisaufnahme nach freier Ueberzeugung zu treffen, ohne an gesetzliche Beweisregeln irgendwie gebunden zu sein. Erlangt es die Ueberzeugung, daß der Entmündigte in der That geisteskrank oder geistesschwach im Sinne des Gesetzes ist, so muß es auf Abweisung der Klage erkennen; erachtet es die letztere dagegen für begründet, so hat es durch sein Urtheil den die Entmündigung aussprechenden Beschluß des Amtsgerichts aufzuheben.[27])

Das Urtheil soll nach § 313 CPO. enthalten:

1. Die Bezeichnung der Parteien und ihrer gesetzlichen Vertreter und der Prozeßbevollmächtigten nach Namen, Stand oder Gewerbe, Wohnort und Parteistellung,
2. die Bezeichnung des Gerichts und die Namen der Richter, welche bei der Entscheidung mitgewirkt haben,
3. eine gedrängte Darstellung des Sach- und Streitstandes auf Grundlage der mündlichen Vorträge der Parteien unter Hervorhebung der gestellten Anträge (Thatbestand),
4. die Entscheidungsgründe,
5. die von der Darstellung des Thatbestandes und der Entscheidungsgründe äußerlich zu sondernde Urtheilsformel.

   Bei der Darstellung des Thatbestandes ist eine Bezugnahme auf den Inhalt der vorbereitenden Schriftsätze und die zum Sitzungsprotokoll erfolgten Feststellungen nicht ausgeschlossen.

Außerdem hat das Gericht in dem Urtheil stets auch eine Entscheidung über den Kostenpunkt zu treffen.[28])

In Betreff der Kosten des Anfechtungsprozesses vergl. unten § 22.

Die Verkündung und Zustellung des Urtheils erfolgt nach den allgemeinen Grundsätzen.

Von jedem in der Sache erlassenen Endurtheil, mag dasselbe auf Abweisung der Anfechtungsklage oder auf Aufhebung des die Entmündigung aussprechenden Beschlusses lauten, hat das Prozeßgericht[29]) der Vormundschaftsbehörde und dem Amtsgericht, welches den Entmündigungsbeschluß erlassen hat, Mittheilung zu machen.[30])

Die Form dieser Mittheilung ist gesetzlich nicht bestimmt; auch hier genügt jede Bekanntmachung in angemessener Form (Mittheilung der

---

[27]) Vergl. § 672 Abs. 1 CPO.

[28]) Vergl. § 308 Abs. 2 CPO.: „Ueber die Verpflichtung, die Prozeßkosten zu tragen, hat das Gericht auch ohne Antrag zu erkennen." Wegen der event. Ergänzung des Urtheils in Betreff des Kostenpunktes vergl. § 321 CPO.

[29]) Prozeßgericht ist nicht nur das Gericht erster Instanz, sondern auch das Berufungs- und Revisionsgericht.

[30]) Vergl. § 674 CPO. Eine öffentliche Bekanntmachung des Urtheils durch das Amtsgericht findet nicht statt. Eine Veröffentlichung durch die Vormundschaftsbehörde, wo solche landesgesetzlich vorgeschrieben ist, wird dadurch jedoch nicht ausgeschlossen.

Akten zur Kenntnißnahme, Uebersendung einer Abschrift des Urtheils u. s. w.).

II. Die Rechtsmittel.

Gegen das Urtheil des Landgerichts finden die regelmäßigen Rechtsmittel der Berufung und der Revision statt.

Die Zulässigkeit der Berufung bedarf keiner weiteren Begründung, und auch die Statthaftigkeit der Revision ergiebt sich aus den allgemeinen Vorschriften der §§ 545 und 547 Nr. 2 CPO.[31]) von selbst.

Berufungsgerichte sind die Oberlandesgerichte; die Verhandlung und Entscheidung über die Revision gehört zur Zuständigkeit des Reichsgerichts.[32]) Als Gegenpartei des Entmündigten tritt in der Berufungsinstanz derjenige Beamte, der das Amt der Staatsanwaltschaft bei dem Oberlandesgericht ausübt (§ 143 Ziff. 2 Ger.Verf.Ges.), also der Ober-Staatsanwalt bei diesem Gericht in den Rechtsstreit ein. Wird Revision eingelegt, so liegt dem Ober-Reichsanwalt (§ 143 Ziff. 3 Ger.-Verf.Ges.). die Uebernahme der Rolle der Gegenpartei des Entmündigten ob. Die amtliche Thätigkeit der Staatsanwaltschaft bei dem Gerichte der betreffenden Instanz hört also dann auf, wenn die Sache an das Gericht höherer Instanz gelangt.[32 a])

Auf das Verfahren in der Berufungsinstanz finden die diesbezüglichen Vorschriften der §§ 511 ff. CPO. Anwendung. Es soll hier nur hervorgehoben werden, daß die Parteien Angriffs- und Vertheidigungsmittel, welche vor dem Landgericht nicht geltend gemacht sind, insbesondere neue Thatsachen und Beweismittel vorbringen können,[33]) und daß das Berufungsgericht, wenn das Verfahren erster Instanz an einem wesentlichen Mangel leidet, unter Aufhebung des Urtheils und des Verfahrens, soweit das letztere durch den Mangel betroffen wird, die Sache an das Gericht erster Instanz zurückverweisen kann.[34]) Falls das Berufungsgericht eine Beweisaufnahme für erforderlich erachtet, finden unstreitig auch hier die Bestimmungen der §§ 654 und 655 CPO. entsprechende Anwendung. Von der Vernehmung Sachverständiger darf unbedenklich auch das Berufungsgericht Abstand nehmen, wenn es die vor dem Amtsgericht oder dem Landgericht abgegebenen Gutachten für genügend erachtet.

Die Revision kann nur auf eine Verletzung des Gesetzes gestützt werden.[35]) Das Gesetz ist verletzt, wenn eine Rechtsnorm nicht oder nicht

---

[31]) Vergl. § 545 CPO.: „Die Revision findet gegen die in der Berufungsinstanz von den Oberlandesgerichten erlassenen Endurtheile statt"; und § 547 Nr. 2 ebenda: „Ohne Rücksicht auf den Werth des Beschwerdegegenstandes findet die Revision statt: in den Rechtsstreitigkeiten über Ansprüche, für welche die Landgerichte ohne Rücksicht auf den Werth des Streitgegenstandes ausschließlich zuständig sind."

[32]) Vergl. §§ 123 Nr. 1 und 135 Nr. 1 Ger.Verf.Ges.

[32 a]) Vergl. Erkenntniß des Reichsgerichts v. 16. Mai 1887 (Preuß. JMBl. 1887 S. 266).

[33]) Vergl. § 529 Abs. 1 CPO.

[34]) Vergl. § 539 CPO. Welche Mängel als wesentliche anzusehen sind, bestimmt die CPO. nicht; man wird nicht fehlgreifen, wenn man insbesondere die Fälle des § 550 CPO. hierher zieht.

[35]) Vergl. § 549 CPO.

richtig angewendet worden ist.[36]) Eine Entscheidung ist stets als auf einer Verletzung des Gesetzes beruhend anzusehen:[37])

1. wenn das erkennende Gericht nicht vorschriftsmäßig besetzt war;
2. wenn bei der Entscheidung ein Richter mitgewirkt hat, welcher von der Ausübung des Richteramts kraft Gesetzes ausgeschlossen war, sofern nicht dieses Hinderniß mittelst eines Ablehnungsgesuchs ohne Erfolg geltend gemacht ist;[38])
3. wenn bei der Entscheidung ein Richter mitgewirkt hat, obgleich derselbe wegen Besorgniß der Befangenheit abgelehnt und das Ablehnungsgesuch für begründet erklärt war;
4. wenn das Gericht seine Zuständigkeit oder Unzuständigkeit mit Unrecht angenommen hat;
5. wenn eine Partei in dem Verfahren nicht nach Vorschrift der Gesetze vertreten war, sofern sie nicht die Prozeßführung ausdrücklich oder stillschweigend genehmigt hat;
6. wenn die Entscheidung auf Grund einer mündlichen Verhandlung ergangen ist, bei welcher die Vorschriften über die Oeffentlichkeit des Verfahrens verletzt sind;
7. wenn die Entscheidung nicht mit Gründen versehen ist.

Das Verfahren in der Revisionsinstanz regelt sich nach den Bestimmungen der §§ 552 ff. CPO.; es soll hier nur hervorgehoben werden, daß die Revision gegen das Berufungsurtheil von dem Entmündigten durch Zustellung an den Ober-Reichsanwalt eingelegt werden muß,[38 a]) und daß nach der Vorschrift des § 565 Abs. 3 CPO. das Revisionsgericht in der Sache selbst zu entscheiden hat, wenn die Aufhebung des Berufungsurtheils nur wegen Gesetzesverletzung bei Anwendung des Gesetzes auf das festgestellte Sachverhältniß erfolgt und nach letzterem die Sache zur Endentscheidung reif ist, sowie in dem Fall, wenn die Aufhebung des Urtheils wegen Unzuständigkeit des Gerichts erfolgt. Eine persönliche Vernehmung des Entmündigten oder eine gutachtliche Anhörung von Sachverständigen kann in der Revisionsinstanz nicht mehr erfolgen, da die letztere sich mit Feststellung des Thatsächlichen nicht mehr befaßt, die Thätigkeit des Revisionsgerichts sich vielmehr grundsätzlich nur auf die rechtliche Würdigung der Sache beziehen soll.

---

[36]) Vergl. § 550 ebenda.

[37]) Vergl. § 551 ebenda.

[38]) Die Fälle, in welchen ein Richter von der Ausübung des Richteramts kraft Gesetzes ausgeschlossen ist, sind im § 41 CPO. bestimmt.

[38 a]) Vergl. Erkenntniß des Reichsgerichts v. 16. Mai 1887 (Preuß. Just.-Min.-Bl. 1887, S. 266).

§ 15.

Die Wirksamkeit des die Entmündigung aufhebenden Urtheils.

Nach der ausdrücklichen Vorschrift des § 672 Abs. 1 CPO. tritt die durch das Urtheil des Landgerichts ausgesprochene Aufhebung der Entmündigung erst mit der Rechtskraft jenes Urtheils in Wirksamkeit.

Es ist hiermit die allgemeine Regel des § 704 Abs. 1 CPO.[39]) über die Vollstreckbarkeit der Urtheile auch für das Anfechtungsverfahren anerkannt, zugleich aber auch die Ausschließung der vorläufigen Vollstreckbarkeit des die Entmündigung aufhebenden Urtheils vor dem Eintritt der Rechtskraft[40]) ausgesprochen.

Um jedoch im einzelnen Fall einen geeigneten und ausreichenden Ersatz für die Unzulässigkeit der vorläufigen Vollstreckbarkeit zu gewähren, ist im § 613 CPO. noch besonders bestimmt, daß auf Antrag zum Schutze der Person oder des Vermögens des Entmündigten einstweilige Verfügungen nach Maßgabe der §§ 936—944 CPO., also vom Prozeßgericht selbst (§ 937) oder von einem Amtsgericht (§ 942) getroffen werden können.[41])

---

[39]) Der § 704 Abs. 1 CPO. lautet: „Die Zwangsvollstreckung findet statt aus Endurtheilen, welche rechtskräftig oder für vorläufig vollstreckbar erklärt sind."

[40]) In Betreff der Rechtskraft vergl. § 705 CPO.: „Die Rechtskraft der Urtheile tritt vor Ablauf der für die Einlegung des zulässigen Rechtsmittels oder des zulässigen Einspruchs bestimmten Frist nicht ein. Der Eintritt der Rechtskraft wird durch rechtzeitige Einlegung des Rechtsmittels oder des Einspruchs gehemmt."

[41]) Die §§ 936—944 CPO. lauten:

§ 936. Auf die Anordnung einstweiliger Verfügungen und das weitere Verfahren finden die Vorschriften über die Anordnung von Arresten und über das Arrestverfahren entsprechende Anwendung, soweit nicht die nachfolgenden Paragraphen abweichende Vorschriften enthalten.

§ 937. Für die Erlassung einstweiliger Verfügungen ist das Gericht der Hauptsache zuständig.

Die Entscheidung kann in dringenden Fällen ohne vorgängige mündliche Verhandlungen erfolgen.

§ 938. Das Gericht bestimmt nach freiem Ermessen, welche Anordnungen zur Erreichung des Zweckes erforderlich sind.

Die einstweilige Verfügung kann auch in einer Sequestration sowie darin bestehen, daß dem Gegner eine Handlung geboten oder verboten, insbesondere die Veräußerung, Belastung oder Verpfändung eines Grundstücks untersagt wird.

§ 939. Nur unter besonderen Umständen kann die Aufhebung einer einstweiligen Verfügung gegen Sicherheitsleistung gestattet werden.

§ 940. Einstweilige Verfügungen sind auch zum Zwecke der Regelung eines einstweiligen Zustandes in Bezug auf ein streitiges Rechtsverhältniß zulässig, sofern diese Regelung, insbesondere bei dauernden Rechtsverhältnissen zur Abwendung wesentlicher Nachtheile oder zur Verhinderung drohender Gewalt oder aus anderen Gründen nöthig erscheint.

§ 941. Hat auf Grund der einstweiligen Verfügung eine Eintragung in das Grundbuch oder das Schiffsregister zu erfolgen, so ist das Gericht befugt, das Grundbuchamt oder die Registerbehörde um die Eintragung zu ersuchen.

§ 942. In dringenden Fällen kann das Amtsgericht, in dessen Bezirke sich der Streitgegenstand befindet, eine einstweilige Verfügung erlassen, unter Bestimmung einer Frist, innerhalb welcher der Gegner zur mündlichen Verhandlung über

Die Zulässigkeit einstweiliger Verfügungen z. B. der Entfernung eines durch das gerichtliche Urtheil im Anfechtungsprozeß für geistig gesund Erklärten aus der Irrenanstalt dürfte sich allerdings auch ohne eine ausdrückliche Vorschrift nach § 940 CPO. von selbst verstanden haben; in der Regel wird übrigens für die Person und das Vermögen des Entmündigten am besten so lange gesorgt sein, als das die Entmündigung aufhebende Urtheil nicht in Vollzug gesetzt ist.

Jedenfalls wird durch die im § 672 ausgesprochene Zulässigkeit provisorischer Maßregeln die Befugniß der Vormundschaftsbehörde nicht ausgeschlossen, auch ihrerseits nach erlangter Kenntniß von dem die Entmündigung aufhebenden Urtheil des Landgerichts (§ 674 CPO.) die erforderlich erscheinenden Anordnungen zum Schutze der Person oder des Vermögens des Entmündigten zu treffen.

Ueber die Folgen der rechtskräftigen Aufhebung der Entmündigung waren in dem bisherigen § 613 Abs. 2 CPO. besondere Bestimmungen getroffen, die s. Z. um so nothwendiger waren, als die Anfechtungsklage durch die Civilprozeßordnung neu geschaffen war, und deßhalb nach dem bei ihrem Inkrafttreten bestehenden bürgerlichen Recht namentlich die Frage nicht entschieden werden konnte, ob dem die Entmündigung aufhebenden Urtheil rückwirkende Kraft beizulegen sei oder nicht.[42])

Diese früheren Bestimmungen sind jetzt durch § 115 Abs. 1 BGB. ersetzt, welcher lautet:

> „Wird ein die Entmündigung aussprechender Beschluß in Folge einer Anfechtungsklage aufgehoben, so kann die Wirksamkeit der von oder gegenüber dem Entmündigten vorgenommenen Rechtsgeschäfte

---

die Rechtmäßigkeit der einstweiligen Verfügung vor das Gericht der Hauptsache zu laden ist.

Die einstweilige Verfügung, auf Grund deren eine Vormerkung oder ein Widerspruch gegen die Richtigkeit des Grundbuchs oder des Schiffsregisters eingetragen werden soll, kann von dem Amtsgericht, in dessen Bezirke das Grundstück belegen ist oder der Heimathshafen oder der Heimathsort des Schiffes sich befindet, erlassen werden, auch wenn der Fall für dringlich nicht erachtet wird. Die Bestimmung der im Abs. 1 bezeichneten Frist hat nur auf Antrag des Gegners zu erfolgen.

Nach fruchtlosem Ablaufe der Frist hat das Amtsgericht auf Antrag die erlassene Verfügung aufzuheben.

Die in diesem Paragraphen erwähnten Entscheidungen des Amtsgerichts können ohne vorgängige mündliche Verhandlung erfolgen.

§ 943. Als Gericht der Hauptsache im Sinne der Bestimmungen dieses Abschnitts ist das Gericht erster Instanz und, wenn die Hauptsache in der Berufungsinstanz anhängig ist, das Berufungsgericht anzusehen.

Das Gericht der Hauptsache ist für die nach § 109 zu treffenden Anordnungen ausschließlich zuständig, wenn die Hauptsache anhängig ist oder anhängig gewesen ist.

§ 944. In dringenden Fällen kann der Vorsitzende über die in diesem Abschnitt erwähnten Gesuche, sofern deren Erledigung eine vorgängige mündliche Verhandlung nicht erfordert, anstatt des Gerichts entscheiden.

[42]) Der bisherige § 613 Abs. 2 CPO. lautete: „Die Aufhebung hat zur Folge, daß die Gültigkeit der bisherigen Handlungen des Entmündigten auf Grund des Beschlusses, welcher die Entmündigung ausgesprochen hatte, nicht in Frage gestellt werden kann. Auf die Gültigkeit der bisherigen Handlungen des bestellten oder gesetzlichen Vormundes hat die Aufhebung keinen Einfluß.“

nicht auf Grund des Beschlusses in Frage gestellt werden. Auf die Wirksamkeit der von oder gegenüber dem gesetzlichen Vertreter vorgenommenen Rechtsgeschäfte hat die Aufhebung keinen Einfluß."

Das auf die Anfechtungsklage ergehende Urtheil, durch welches die Entmündigung aufgehoben wird, hat also hinsichtlich des Entmündigten rückwirkende Kraft. Die von dem früher entmündigten Geisteskranken oder Geistesschwachen oder ihm gegenüber vorgenommenen Rechtsgeschäfte werden demnach, sobald das den Entmündigungsbeschluß aufhebende Urtheil die Rechtskraft erlangt hat, so behandelt, als wenn eine Entmündigung überhaupt nicht ausgesprochen wäre; ihre Wirksamkeit kann auf Grund des Entmündigungsbeschlusses nicht in Frage gestellt werden. Die Vorschriften des § 104 Ziff. 2 und des § 105 Abs. 2 BGB. werden allerdings hierdurch nicht berührt; ein von dem früher Entmündigten in einem die freie Willensbestimmung ausschließenden Zustande krankhafter Störung der Geistesthätigkeit vorgenommenes Rechtsgeschäft bleibt trotz der Aufhebung des Entmündigungsbeschlusses nichtig, und nichtig bleibt trotz dieser Aufhebung auch die Willenserklärung, die der früher Entmündigte im Zustande der Bewußtlosigkeit oder vorübergehender Störung der Geistesthätigkeit abgegeben hat.

In Betreff der Rechtsgeschäfte, welche von oder gegenüber dem gesetzlichen Vertreter des früher Entmündigten vorgenommen sind, hat das der Anfechtungsklage stattgebende Urtheil keine rückwirkende Kraft. Danach kann allerdings der Fall eintreten, daß zwei, von dem früheren Entmündigten und von dem gesetzlichen Vertreter desselben über denselben Gegenstand vorgenommene sich widerstreitende Rechtsgeschäfte neben einander wirksam werden. Planck[43]) will den dadurch möglicherweise entstehenden Konflikt in derselben Weise lösen, wie wenn ein Generalbevollmächtigter und der Vollmachtsgeber sich widerstreitende Rechtsgeschäfte vorgenommen hätten. Das Gleiche wird, wie Planck zutreffend hervorhebt, bei sich widerstreitenden Rechtsgeschäften gegenüber dem früher Entmündigten und dem gesetzlichen Vertreter desselben gelten müssen, wo regelmäßig der Zeitpunkt der Vornahme entscheidend sein, bei der Unmöglichkeit einer neben einander eintretenden Wirksamkeit beider Rechtsgeschäfte aber Unwirksamkeit beider Rechtsgeschäfte eintreten wird.

---

[43]) Planck, Bürgerl. Gesetzbuch, 2. Aufl. 1898. S. 161 Anm. 1 zu § 115.

Zweiter Abschnitt.

Das Wiederaufhebungsverfahren.

§ 16.

Das Wiederaufhebungsverfahren im Allgemeinen.

Der von den Gerichten als den hierzu berufenen Organen des Staates ausgesprochene Zustand der Entmündigung eines Geisteskranken oder eines Geistesschwachen ist nur so lange begründet und darf nicht länger andauern, als die Gründe, welche die Entmündigung erforderlich machten, noch vorhanden sind. Dieser Zustand muß daher aufgehoben werden, wenn der Entmündigte geistig genesen und damit die Veranlassung der Entmündigung beseitigt ist. „Die Entmündigung ist wiederaufzuheben, wenn der Grund der Entmündigung wegfällt" (§ 6 Abs. 2 BGB.).

In der Natur der Sache liegt es, daß die Aufhebung der Entmündigung nur durch einen richterlichen Spruch erfolgen und nur vom Gericht dem Entmündigten das Recht der freien Verfügung über seine Person und sein Vermögen wieder zugesprochen werden kann.

In Ansehung des bei der Wiederaufhebung zu beobachtenden Verfahrens hatten die Regierungsentwürfe der Civilprozeßordnung nach dem Vorgange mehrerer neuerer Gesetzeswerke den Standpunkt des französischen Rechts (Code civ. art. 512, 514; Code de proc. art. 896) gewählt und demgemäß bestimmt, daß die Wiederaufhebung der Entmündigung nicht anders, als im kontradiktorischen Verfahren erfolgen solle. Nach Analogie des in den §§ 645 ff. CPO. geregelten Verfahrens zur Herbeiführung der Entmündigung hat jedoch die Civilprozeßordnung auch für die Wiederaufhebung der Entmündigung ein amtsgerichtliches Offizialverfahren vorgeschrieben. Wie der Entmündigungsbeschluß des Amtsgerichts nach § 645 CPO. nur auf Antrag erlassen wird, so kann nach § 675 CPO. auch eine Wiederaufhebung der Entmündigung nur auf Antrag — niemals von Amtswegen — eintreten. In Folge des Wiederaufhebungsantrags wird von dem Amtsgericht ein Ermittelungsverfahren über den nunmehrigen Geisteszustand des angeblich wieder genesenen Entmündigten angestellt und alsdann über die beantragte Wiederaufhebung der Entmündigung durch Beschluß entschieden.

Gegen den Beschluß, durch welchen die Wiederaufhebung ausgesprochen wird, ist dem Staatsanwalt die sofortige Beschwerde gegeben; gegen den die Wiederaufhebung ablehnenden Beschluß aber eine der Anfechtungsklage im Wesentlichen nachgebildete sog. Wiederaufhebungsklage zugelassen.

Der ganze Zweck des Wiederaufhebungsverfahrens ist der, die Anordnung der Entmündigung, welche an sich thatsächlich und rechtlich begründet war, nach später eingetretener Aenderung in dem Geisteszustand des Entmündigten wieder in Wegfall zu bringen. Dadurch unterscheidet sich, wie bereits früher hervorgehoben wurde, insbesondere die sog. Wiederaufhebungsklage von der Anfechtungsklage, welche den Entmündigungsbeschluß als von vornherein unbegründet angreift und den von Anfang an rechtswidrigen Zustand der Entmündigung beseitigen will.

§ 17.

Die Gerichtszuständigkeit. Die Antragsberechtigung. Der Antrag. Das amtsgerichtliche Ermittelungsverfahren.

I. Die Gerichtszuständigkeit.

Für die Wiederaufhebung der Entmündigung ist nach § 676 CPO. dasjenige Amtsgericht ausschließlich zuständig, bei welchem der Entmündigte zur Zeit der Stellung des Wiederaufhebungsantrags seinen allgemeinen Gerichtsstand hat.

Ist der Entmündigte ein Deutscher und hat er im Inlande keinen allgemeinen Gerichtsstand, so kann der Antrag bei dem Amtsgerichte gestellt werden, welches über die Entmündigung entschieden hat. Das Gleiche gilt, wenn ein Ausländer, welcher im Inland entmündigt worden ist (Art. 8 Einf.G. z. BGB.), im Inlande keinen allgemeinen Gerichtsstand hat.

In Betreff des allgemeinen Gerichtsstandes und der sonstigen bei der Lehre von der Gerichtszuständigkeit vorkommenden Fragen kann auf die oben im § 3 gemachten Erörterungen verwiesen werden. Hier soll nur hervorgehoben werden, daß auch für das Wiederaufhebungsverfahren eine Prorogation des Gerichtsstandes ausgeschlossen ist.

II. Nach der Bestimmung des § 675 CPO. ist das Recht, die Wiederaufhebung der Entmündigung zu beantragen, nur gegeben:

1. dem Entmündigten selbst,
2. demjenigen gesetzlichen Vertreter des Entmündigten, welchem die Sorge für die Person zusteht,
3. dem Staatsanwalt.

Die übrigen im § 646 Abs. 1 CPO. zur Stellung des Entmündigungsantrags für befugt erklärten Personen sind hier von der Antragsberechtigung ausgeschlossen.

Der Entmündigte selbst kann unzweifelhaft ohne und sogar wider den Willen seines gesetzlichen Vertreters aus eigener Entschließung den Wiederaufhebungsantrag stellen, jedoch ist ihm ein Recht, die Beiordnung eines Rechtsanwalts als Vertreter zu verlangen,[44]) hier nicht gegeben. Es erscheint eine solche von Amtswegen erfolgende Beiordnung eines Vertreters auch in der That hier nicht geboten, da der Entmündigte, wenn er die Wiederaufhebung seiner Entmündigung beantragen will, sicherlich soweit wieder im Besitz seiner Geisteskräfte sein wird, daß er selbst den Antrag stellen oder einen Bevollmächtigten mit Stellung des Antrags beauftragen kann.

Der gesetzliche Vertreter des Entmündigten, welchem die Sorge für die Person zusteht, kann selbstverständlich unabhängig von dem Willen und selbst gegen den Willen des Entmündigten den Wiederaufhebungsantrag stellen, wenn er dies im Interesse des Entmündigten für nothwendig erachtet.

Um dem wieder in den Vollbesitz seiner Geisteskräfte gelangten Entmündigten den möglichsten Schutz zu gewähren und ihm gegen den etwaigen Willen seines gesetzlichen Vertreters zu Hülfe zu kommen, ist auch dem Staatsanwalt das Antragsrecht gegeben.

Die Fälle, in denen wegen geistiger Gebrechen entmündigte Personen von eigennützigen Verwandten unter Beihülfe eines gewissenlosen Vormunds in Privat-Irrenanstalten auch nach erfolgter Genesung einbehalten worden, sind vorgekommen und werden auch bei der strengsten staatlichen Ueberwachung jener Anstalten fernerhin sich ereignen. Hier insbesondere wird es die Aufgabe des Staatsanwalts sein, dem schutzlosen Entmündigten seine helfende Hand zu reichen, für Beseitigung der rechtswidrigen Einsperrung Sorge zu tragen und die Wiederaufhebung der Entmündigung in Antrag zu bringen. Das Gesetz hat auch für das Wiederaufhebungsverfahren dem Staatsanwalt das Recht gewährt, das Verfahren durch Stellung von Anträgen nach jeder Richtung hin zu betreiben,[45]) und sicher wird der Staatsanwalt es sich angelegen sein lassen, von diesem Rechte im Interesse des wieder genesenen Entmündigten durch persönliche Anwesenheit bei der Vernehmung des letzteren und bei der Anhörung der Sachverständigen, durch Vorschlagen geeigneter Sachverständiger und Zeugen, Herbeischaffung sonstigen Beweismaterials u. s. w. soweit als irgend möglich Gebrauch zu machen und event. im Falle der unbegründeten Ablehnung seines Wiederaufhebungsantrags die ihm gewährte Wiederaufhebungsklage zu erheben. (§ 679 CPO.)

---

[44]) Anders im Anfechtungsverfahren, wo dem Entmündigten, wenn er die Klage selbst erheben will, auf seinen Antrag von dem Vorsitzenden des Prozeßgerichts ein Rechtsanwalt als Vertreter beizuordnen ist. Vergl. § 668 CPO.

[45]) Vergl. § 676 Abs. 3 in Verbindung mit § 652 CPO.

III. Der Antrag.*)

1. Form. Die Form des Antrags auf Wiederaufhebung der Entmündigung ist dieselbe wie die des Entmündigungsantrags. Der Antrag kann also sowohl bei dem Gericht schriftlich eingereicht als auch zum Protokoll des Gerichtsschreibers angebracht werden.[46]) Anwaltszwang besteht nicht; der Antrag kann auch hier durch einen Bevollmächtigten gestellt werden. Im Uebrigen sind die diesbezüglichen Bemerkungen im § 5 zu vergleichen.

2. Inhalt. Der Wiederaufhebungsantrag soll[47]) wie der Entmündigungsantrag eine Angabe der ihn begründenden Thatsachen und die Bezeichnung der Beweismittel enthalten.[48]) In gleicher Weise wie aus dem Entmündigungsantrag wird daher aus einem formgerechten Wiederaufhebungsantrag sich ergeben müssen:

1. der Name, Wohn- bezw. Aufenthaltsort des Antragstellers und des Entmündigten, die Bezeichnung des Amtsgerichts und des Gegenstandes des Antrags; die Zahl der Anlagen,
2. die Angabe der zur Begründung des Antrags dienenden thatsächlichen Verhältnisse.

   Es kommen in dieser Beziehung die Thatsachen in Betracht, aus denen nach § 675 CPO. die Antragsberechtigung und nach § 676 ebenda die Gerichtszuständigkeit sich ergiebt, und alsdann vor Allem die Thatsache der eingetretenen Wiedergenesung des Entmündigten.
3. die Bezeichnung der Beweismittel, welcher sich der Antragsteller zum Nachweise seiner thatsächlichen Behauptungen bedienen will.
4. ein bestimmter Antrag auf Wiederaufhebung der Entmündigung.

In der Wahl und Bezeichnung der Beweismittel ist dem Antragsteller auch hier vollkommen freie Hand gelassen. Vergl. oben § 5 S. 21. Wie vor Einleitung des Entmündigungsverfahrens kann das Amtsgericht auch vor Einleitung des Wiederaufhebungsverfahrens die Beibringung eines ärztlichen Zeugnisses anordnen. Zur Vermeidung von Verzögerungen ist es daher auch hier dem Antragsteller dringend zu empfehlen, seinem Antrag von vornherein ein ärztliches Zeugniß über den jetzigen Geisteszustand des Entmündigten beizufügen.

3. Zeit. Die Stellung des Antrags auf Wiederaufhebung der Entmündigung ist an eine Frist nicht gebunden. Der Antrag kann zu jeder Zeit und demnach auch noch während der Zeit gestellt werden, während welcher die zur Erhebung der Anfechtungsklage im § 664 CPO. gewährte einmonatliche Frist noch läuft. Gleichzeitig werden also eine Anfechtungsklage und ein Wiederaufhebungsantrag bei Gericht anhängig sein können; die hieraus möglicher Weise entstehenden Verwickelungen werden ihre Lösung jedoch unschwer dadurch finden können, daß das Amtsgericht in

---

*) Ein Musterbeispiel eines Wiederaufhebungsantrags s. im Anhang.

[46]) Vergl. § 676 Abs. 3 in Verbindung mit § 647 CPO.

[47]) Vergl. oben S. 20.

[48]) Vergl. § 676 Abs. 3 in Verbindung mit § 647 CPO.

analoger Anwendung des § 148 CPO. die Verhandlung über den Antrag auf Wiederaufhebung der Entmündigung bis zur Erledigung der Anfechtungsklage aussetzt.

Nach dem Tode des Entmündigten kann ein Antrag auf Wiederaufhebung der Entmündigung weder von dem früheren gesetzlichen Vertreter des Entmündigten, noch von dem Staatsanwalt gestellt werden.

4. Zurücknahme des Antrags. Die Zurücknahme des Wiederaufhebungsantrags ist zulässig. Durch dieselbe wird, wenn sie vor Erlaß des amtsgerichtlichen Beschlusses erfolgt, ebenso wie durch den Tod des Entmündigten, das Verfahren erledigt.

IV. Das amtsgerichtliche Ermittelungsverfahren.

1. Prüfung des Wiederaufhebungsantrags und Einleitung des Verfahrens. Nach Eingang eines Wiederaufhebungsantrags hat das Amtsgericht vor Einleitung des Wiederaufhebungsverfahrens die Zulässigkeit und Begründung des Antrags von Amtswegen zu prüfen.

Für diese Prüfung sind in entsprechender Anwendung die oben im § 6 für die Prüfung des Entmündigungsantrags aufgestellten Grundsätze maßgebend. Es muß hier nur besonders hervorgehoben werden, daß das Amtsgericht auch den Wiederaufhebungsantrag, falls derselbe in irgend einer Beziehung nach Form und Inhalt den gesetzlichen Erfordernissen nicht entspricht, ohne Weiteres und ohne insbesondere zuvor Sachverständige über die behauptete Genesung zu hören, zurückweisen kann. Die Zurückweisung erfolgt durch Beschluß, für dessen Form keine besonderen Vorschriften gegeben sind, und welcher nach § 678 Abs. 1 CPO. dem Antragsteller von Amtswegen zuzustellen ist.[49])

Gegen den ablehnenden Beschluß findet — abweichend von § 663 Abs. 1 CPO. — eine Beschwerde nicht statt.

Dem Antragsteller bleibt nur überlassen, den Wiederaufhebungsantrag unter neuer und besserer Begründung bei Berücksichtigung der etwa in dem ablehnenden Beschluß angedeuteten Mängel des ersten Antrags zu wiederholen oder die Wiederaufhebung der Entmündigung im Wege der Klage nach § 679 CPO. zu beantragen.

Der Entmündigte selbst, der mit seinem Wiederaufhebungsantrag zurückgewiesen ist, wird allerdings am zweckmäßigsten stets einen neuen Wiederaufhebungsantrag stellen, da er nach § 679 Abs. 2 CPO. persönlich zur Erhebung der Klage nicht befugt ist, und ihm auch für den Fall, daß sein *gesetzlicher* Vertreter die Klage nicht erheben will, die Beiordnung eines Rechtsanwalts als Vertreter versagt werden *kann*. Wenn alsdann auch der Staatsanwalt einem Seitens des Entmündigten an ihn gerichteten Ersuchen um Erhebung der Klage keine Folge leistet, so bleibt dem Entmündigten in der That nichts Anderes übrig, als

[49]) Eine Zustellung an den Staatsanwalt, wie solche im § 659 CPO. bei dem die Entmündigung ablehnenden Beschluß vorgeschrieben ist, findet nicht statt.

immer von Neuem die Wiederaufhebung seiner Entmündigung zu beantragen.

Wenn Gründe für die sofortige Zurückweisung des Wiederaufhebungsantrags nicht vorhanden sind, so hat das Amtsgericht das Wiederaufhebungsverfahren einzuleiten. Eines besonderen förmlichen Beschlusses oder einer Mittheilung desselben an den Antragsteller bedarf es nicht.

Dagegen ist dem Staatsanwalt von Einleitung des Verfahrens Mittheilung zu machen, um demselben Gelegenheit zu geben, von dem ihm auch für das Wiederaufhebungsverfahren gewährten Recht, das Verfahren durch Stellung von Anträgen zu betreiben, Gebrauch machen zu können.

2. Das Ermittelungsverfahren. Das amtsgerichtliche Wiederaufhebungsverfahren bezweckt lediglich die Feststellung der behaupteten Genesung des Entmündigten. Zum Zwecke dieser Feststellung hat das Gericht in entsprechender Anwendung des § 653 Abs. 1 CPO. unter Benutzung der in dem Wiederaufhebungsantrag angegebenen Thatsachen und Beweismittel von Amtswegen die erforderlichen Ermittelungen zu veranstalten und die geeignet erscheinenden Beweismittel aufzunehmen, ohne jedoch an die Beweisanträge des Antragstellers irgendwie gebunden zu sein. Die Anwendung des Parteieides sowie der Grundsätze der CPO. über Anerkenntnisse, Geständnisse und Versäumnisse ist selbstverständlich auch hier ausgeschlossen; dagegen kann das Gericht die Vorlegung und Prüfung von Urkunden auch hier anordnen und ebenso die Vernehmung von Zeugen veranlassen, für deren Vernehmung und Beeidigung die Bestimmungen im siebenten Titel des ersten Abschnitts des zweiten Buchs der CPO. zur Anwendung kommen. Die Anordnung der Haft im Falle des § 390 CPO. kann auch hier von Amtswegen erfolgen.

Der Regel nach ist der Entmündigte auch im Wiederaufhebungsverfahren persönlich unter Zuziehung eines oder mehrerer Sachverständigen zu vernehmen. Die Vernehmung kann auch durch einen ersuchten Richter erfolgen; sie kann unterbleiben, wenn sie nach Ansicht des Gerichts schwer ausführbar oder für die Entscheidung unerheblich oder — was im Wiederaufhebungsverfahren allerdings nur selten wird geltend gemacht werden können — nicht ohne Nachtheil für den Gesundheitszustand des Entmündigten ausführbar ist.[50])

In Betreff der persönlichen Vernehmung des Entmündigten, insbesondere der Wahl der Sachverständigen und der Abhaltung des Termins zur persönlichen Vernehmung finden die oben im § 8 erörterten Grundsätze analoge Anwendung.

Die Aufhebung der Entmündigung darf nicht ausgesprochen werden, bevor das Gericht einen oder mehrere Sachverständige über den Geisteszustand des Entmündigten gutachtlich gehört hat.[51])

---

[50]) Vergl. § 654 in Verbindung mit § 676 Abs. 3 CPO.
[51]) Vergl. § 655 in Verbindung mit § 676 Abs. 3 CPO.

In Betreff der Anhörung der Sachverständigen und in Betreff des von denselben zu erstattenden Gutachtens insbesondere finden die oben im § 9 erörterten Grundsätze entsprechende Anwendung.

Das amtsgerichtliche Wiederaufhebungsverfahren (§§ 675 bis 678 CPO.) ist nicht öffentlich.[52]) Nur dem Staatsanwalt ist auch hier unbedingt das Recht zu gewähren, den Verhandlungen beizuwohnen. Vergl. hierüber oben § 7, S. 30.

§ 18.

Die Entscheidung des Amtsgerichts.

Nach Abschluß der zur Feststellung der Wiedergenesung des Entmündigten vorgenommenen Ermittelungen hat das Amtsgericht eine Entscheidung darüber zu treffen, ob die Entmündigung fortbestehen oder wiederaufgehoben werden soll. Es gilt hierbei der Grundsatz der freien Beweiswürdigung;[53]) das Gericht ist an gesetzliche Beweisregeln und insbesondere an das Gutachten der Sachverständigen nicht gebunden.

Die Entscheidung erfolgt durch einen mit Gründen zu versehenden Beschluß,[54]) sie kann inhaltlich lauten auf:

I. Aufhebung der Entmündigung.

Wenn das Gericht auf Grund der vorgenommenen Ermittelungen zu der Ueberzeugung gelangt, daß der Entmündigte nicht mehr geisteskrank oder geistesschwach ist, so hat es in seinem Beschluß auszusprechen:

daß die Entmündigung des N. N. aufzuheben sei.

Dieser Beschluß ist von Amtswegen zuzustellen:[55])

1. dem Antragsteller,
2. dem Entmündigten,
3. dem Staatsanwalt, und zwar diesem auch dann, wenn er in dem Verfahren bisher noch gar nicht mitgewirkt hatte.

Die Zustellung erfolgt nach den Vorschriften der §§ 170ff. CPO. durch den Gerichtsschreiber.

Wenn der Staatsanwalt von dem ihm im § 678 Abs. 2 CPO. gewährten Beschwerderecht keinen Gebrauch gemacht hat, oder die von ihm eingelegte Beschwerde vom Beschwerdegericht zurückgewiesen, der Wiederaufhebungsbeschluß also rechtskräftig geworden ist, so ist von dem letzteren auch der Vormundschaftsbehörde Mittheilung zu machen.[56])

---

[52]) Vergl. § 172 Abs. 2 Ger.Verf.Ges.

[53]) Vergl. § 286 CPO. und oben § 11 S. 48.

[54]) Vergl. oben § 11 S. 49.

[55]) Vergl. § 678 Abs. 1 CPO.

[56]) Vergl. § 678 Abs. 3 CPO. Es genügt jede Kundmachung in angemessener Form (Aktenmittheilung, Uebersendung einer Abschrift u. s. w.), sobald sie aktenmäßig festgestellt werden kann.

Eine öffentliche Bekanntmachung der Wiederaufhebung der Entmündigung durch den Entmündigungsrichter findet nicht statt. Die etwa in Landesgesetzen vorgeschriebene Veröffentlichung durch die Vormundschaftsbehörde ist damit jedoch nicht ausgeschlossen.[57])

In Betreff der Kosten vergl. unten § 22.

II. Ablehnung des Wiederaufhebungsantrags.

Wenn das Gericht, sei es nach Anhörung von Sachverständigen oder auch schon auf Grund der persönlichen Vernehmung des Entmündigten oder sonstiger Ermittelungen zu der Ueberzeugung gelangt, daß der Entmündigte noch immer geisteskrank oder geistesschwach im Sinne des Gesetzes ist, so spricht es in seinem Beschlusse lediglich aus:

> daß die beantragte Wiederaufhebung der Entmündigung des N. N. abzulehnen sei.

Dieser Beschluß ist von Amtswegen dem Antragsteller zuzustellen.[58]) Die Zustellung erfolgt nach den Vorschriften der §§ 170 ff. CPO. durch den Gerichtsschreiber.

Eine Zustellung an den Staatsanwalt, wie solche im § 659 CPO. angeordnet, ist nicht vorgeschrieben. Dieselbe ist aber jedenfalls auch nicht verboten, und wird zweckmäßig geschehen, um dem Staatsanwalt Gelegenheit zur eventuellen Klageerhebung (§ 679 CPO.) zu geben. Dem Entmündigten selbst und dem gesetzlichen Vertreter desselben wird, auch wenn sie nicht selbst den Wiederaufhebungsantrag gestellt und also den ablehnenden Beschluß nicht zugestellt erhalten haben, die Ablehnung der Wiederaufhebung der Entmündigung nicht unbekannt bleiben; der Staatsanwalt aber wird, wenn er nicht selbst den Wiederaufhebungsantrag gestellt hat, von der Ablehnung desselben keine Kenntniß erhalten und demzufolge auch nur selten in der Lage sein, die Wiederaufhebungsklage zu erheben. Es würde alsdann lediglich Sache des Entmündigten oder seines gesetzlichen Vertreters sein, dem Staatsanwalt die erforderliche Anregung zu geben und ihm das zur Erhebung der Klage nöthige Material zu unterbreiten.

In Betreff der Kosten vergl. unten § 22.

§ 19.

Die Anfechtung des die Entmündigung aufhebenden Beschlusses.

Der Beschluß, durch welchen die Entmündigung aufgehoben wird, kann nur mit der sofortigen Beschwerde angefochten werden.

Diese Beschwerde steht nach § 678 Abs. 2 CPO. nur dem Staatsanwalt zu.

---

57) Vergl. Prot. S. 467, 468 und oben § 11, B S. 52.

58) Vergl. § 678 Abs. 1 CPO.

Nach dem Antrag der Subkommission hatte die Justizkommission in erster Lesung beschlossen, jede Beschwerde gegen den die Entmündigung aufhebenden Beschluß zu versagen. In zweiter Lesung wurde jedoch hervorgehoben, daß es bedenklich sei, die Wiederaufhebung einer wegen Geisteskrankheit angeordneten Entmündigung von dem Amtsgericht endgültig beschließen zu lassen, bedenklich insbesondere in den Fällen, in welchen eine wegen Geisteskrankheit angeordnete Entmündigung nach kontradiktorischem Verfahren durch Urtheile der höheren Instanzgerichte rechtskräftig bestätigt worden sei. Es wurde nicht verkannt, daß das Gesetz die Möglichkeit zuläßt, sofort nach ausgesprochener Aufhebung der Entmündigung von Neuem bei demselben Amtsgericht die Entmündigung zu betreiben und gegen einen ablehnenden Beschluß Beschwerde bei dem Landgericht zu erheben (§ 663 CPO.), andererseits aber zutreffend hervorgehoben, daß es der Wichtigkeit der Interessen, welche für den Entmündigten selbst im Falle nicht gehörig begründeter Aufhebung der Entmündigung in Frage stehen, nicht entspreche, wenn die durch die Verhältnisse gebotene Wiederherstellung des bisherigen Entmündigungszustandes nur auf dem bezeichneten Umweg ermöglicht werden könnte.[59])

Aus diesen Erwägungen gewährte man nunmehr dem Staatsanwalt die sofortige Beschwerde, aber auch nur ihm und nicht dem sonstigen Antragsteller oder Interessenten der Entmündigung.

Die Beschwerde, welche übrigens von dem Staatsanwalt auch dann erhoben werden kann, wenn er selbst die Wiederaufhebung der Entmündigung beantragt hatte, ist binnen der Nothfrist von einer Woche, welche mit der Zustellung des Beschlusses (§ 678 Abs. 1 CPO.) beginnt, bei dem Amtsgericht, welches den letzteren erlassen hat, einzulegen. Die Einlegung bei dem Beschwerdegericht genügt, auch wenn der Fall für dringlich nicht erachtet wird.[60])

Im Uebrigen sind für die Einlegung der Beschwerde und für das Verfahren vor dem Beschwerdegericht die oben im § 13 S. 55 aufgestellten Grundsätze maßgebend.

Die Beschwerde hat, wie im § 572 CPO. ausdrücklich bestimmt ist,[61]) aufschiebende Wirkung; vor erfolgter Entscheidung über dieselbe darf die Wiederaufhebung der Entmündigung der Vormundschaftsbehörde nicht mitgetheilt werden, und tritt also auch die Wiederaufhebung nicht in Wirksamkeit.

In Betreff der K o s t e n der Beschwerdeinstanz vergl. unten § 22.

---

[59]) Vergl. Prot. S. 453, 464 und 712.

[60]) Vergl. §§ 569, 577 CPO. Das Amtsgericht ist zu einer Abänderung seines durch die Beschwerde angegriffenen Beschlusses nicht befugt.

[61]) Der § 572 CPO. lautet: „Die Beschwerde hat nur dann aufschiebende Wirkung, wenn sie gegen eine der in den §§ 109, 380, 390, 409, 619, 656, 678 erwähnten Entscheidungen gerichtet ist.

Das Gericht oder der Vorsitzende, dessen Entscheidung angefochten wird, kann anordnen, daß die Vollziehung derselben auszusetzen sei.

Das Beschwerdegericht kann vor der Entscheidung eine einstweilige Anordnung erlassen; es kann insbesondere anordnen, daß die Vollziehung der angefochtenen Entscheidung auszusetzen sei."

§ 20.

Die Anfechtung des den Antrag auf Wiederaufhebung ablehnenden Beschlusses. — Wiederaufhebungsklage.

Der Beschluß, durch welchen der Antrag auf Wiederaufhebung der Entmündigung abgelehnt ist, kann nur im Wege der Klage angefochten werden. (Wiederaufhebungsklage.)[62])

Eine Beschwerde gegen den vorbezeichneten Beschluß ist nicht zulässig.

Für die Ausschließung der Beschwerde war die Erwägung maßgebend, daß eine Beschwerde nur zugelassen werden könne, wo die amtsrichterliche Entscheidung zu Gunsten der Handlungsfähigkeit, also auf Ablehnung des Entmündigungsantrags laute (§ 663 CPO.), in allen denjenigen Fällen aber, wo die Entscheidung zu Ungunsten der Handlungsfähigkeit, also auf Entmündigung gelautet habe, die Klage mit kontradiktorischem Verfahren statuirt werden müsse, weil hier die Beschwerde nicht als genügender Schutz des Entmündigten erachtet werden könne.

Ueber den Unterschied der sog. Anfechtungsklage (§ 664 CPO.) von der Wiederaufhebungsklage vergl. oben § 14 S. 57.

I. Die Gerichtszuständigkeit.

Für die Wiederaufhebungsklage ist dasjenige Landgericht ausschließlich zuständig, in dessen Bezirk das Amtsgericht, welches die Wiederaufhebung der Entmündigung abgelehnt hat, seinen Sitz hat.[63])

Diejenigen Mitglieder des Landgerichts, welche im Falle des § 678 Abs. 2 CPO. an der Entscheidung über die Beschwerde des Staatsanwalts Theil genommen haben, sind von der Entscheidung über die Wiederaufhebungsklage nicht ausgeschlossen.[64])

II. Die Klageberechtigung.

Das Recht zur Erhebung der Wiederaufhebungsklage haben nach § 679 Abs. 2 CPO.:

1. derjenige gesetzliche Vertreter des Entmündigten, welchem die Sorge für die Person zusteht.

Derselbe muß sich in Folge des bei den Landgerichten bestehenden Anwaltszwangs durch einen bei dem Prozeßgericht zugelassenen Anwalt vertreten lassen, welcher schriftliche Vollmacht beibringen muß.

Dem Entmündigten selbst ist, abweichend von § 664 Abs. 2 CPO., ein selbstständiges Klagerecht nicht gegeben. Nur für den Fall, daß der gesetzliche Vertreter die Klage auf Wiederaufhebung der Entmündigung nicht

---

[62]) Vergl. § 679 CPO.
[63]) Vergl. § 665 in Verbindung mit § 679 Abs. 4 CPO.
[64]) Vergl. Prot. S. 463. S. auch oben § 14 S. 58.

erheben will, ist dem Entmündigten die Befugniß gegeben, die Beiordnung eines Rechtsanwalts behufs der Klageerhebung bei Gericht zu beantragen.[65])

Abweichend von der Bestimmung des § 668 CPO. liegt es jedoch hier lediglich in dem Ermessen des Vorsitzenden des Prozeßgerichts, ob er einem solchen Antrag stattgeben will oder nicht. Wird dem Antrag stattgegeben und die Beiordnung eines Rechtsanwalts angeordnet,[66]) so ist der letztere zur Erhebung der Klage für den Entmündigten ohne Rücksicht auf § 38 der Rechtsanwaltsordnung verpflichtet, kann jedoch selbstverständlich auch hier von dem Entmündigten, falls derselbe nicht zum Armenrecht zugelassen ist, Zahlung der gesetzlichen Gebühren beanspruchen. Einer besonderen Vollmacht des Entmündigten bedarf es nicht; die Verfügung des Vorsitzenden des Prozeßgerichts, durch welche die Beiordnung erfolgt, dient dem Anwalt als ausreichende Legitimation.

Wird der Antrag des Entmündigten auf Beiordnung eines Rechtsanwalts abgelehnt, so steht dem Entmündigten, da ein das Verfahren betreffendes Gesuch zurückgewiesen ist, nach dem allgemeinen Grundsatz des § 567 CPO. zunächst die einfache Beschwerde zu. Will er sich derselben nicht bedienen, oder wird auch diese Beschwerde zurückgewiesen, so bleibt dem Entmündigten nichts weiter übrig, als von Neuem die Wiederaufhebung seiner Entmündigung bei dem Amtsgericht zu beantragen oder, falls nicht etwa die Vormundschaftsbehörde den gesetzlichen Vertreter zur Klageerhebung anhält, sich an den Staatsanwalt mit der Bitte um Erhebung der Klage zu wenden. Der Staatsanwalt wird ihm, wenn seine Bitte irgend begründet erscheint, den erbetenen Schutz nicht versagen.

2. der Staatsanwalt.

Der Staatsanwalt ist in allen Fällen zur Erhebung der Wiederaufhebungsklage befugt, ohne Unterschied, ob er bisher bereits bei dem Entmündigungs- oder Wiederaufhebungsverfahren mitgewirkt hat oder nicht. Das Klagerecht steht demselben jedenfalls auch dann zu, wenn er früher selbst die Entmündigung beantragt hatte. Ein Anwaltszwang besteht auch hier für den Staatsanwalt nicht.

III. Eine Klagefrist ist für die Wiederaufhebungsklage nicht vorgeschrieben; die letztere kann — im Gegensatz zur Anfechtungsklage — zu jeder Zeit erhoben werden, mag seit dem die Wiederaufhebung der Entmündigung ablehnenden Beschluß des Amtsgerichts ein noch so langer Zeitraum verstrichen sein.

IV. Auf das Prozeßverfahren sollen nach § 679 Abs. 4 CPO. die Vorschriften der §§ 665—667, 669—674 CPO. entsprechende Anwendung finden.

Das Prozeßverfahren ist also im Wesentlichen dasselbe wie im Anfechtungsprozeß, und es kann deßhalb im Allgemeinen auf die oben im

---

[65]) Vergl. § 679 Abs. 3 CPO.

[66]) Die Beiordnung erfolgt nach § 47 Nr. 9 des Gerichtskostengesetzes gebührenfrei.

§ 13 gegebene Darstellung des Verfahrens im letztgedachten Prozeß verwiesen werden.

Nur folgende Punkte sind besonders hervorzuheben:

1. Die Klage des gesetzlichen Vertreters und des dem Entmündigten im Falle des § 679 Abs. 3 CPO. beigeordneten Rechtsanwalts ist in entsprechender Anwendung des § 666 Abs. 1 CPO. gegen den Staatsanwalt des zuständigen Landgerichts zu richten.

2. Die Klage des Staatsanwalts ist in entsprechender Anwendung des § 666 Abs. 2 CPO. gegen denjenigen gesetzlichen Vertreter des Entmündigten zu richten, welchem die Sorge für die Person zusteht.

Dem s. Z. in der Justizkommission erhobenen Bedenken, daß es bei einer derartigen Vertheilung der Parteirollen sich ereignen könne, daß der Staatsanwalt Klage erheben müsse gegen einen Vormund, der mit der Aufhebung der Entmündigung durchaus einverstanden sei, wurde entgegnet, daß der Vormund, welcher den Entmündigten nach dessen Genesung nicht von der Entmündigung befreien lasse, eine Pflichtwidrigkeit begehe und daher mit Recht vom Staatsanwalt verklagt werde.

3. Der § 668 CPO. findet, wie bereits oben hervorgehoben ist, im Wiederaufhebungsverfahren keine Anwendung, da derselbe hier durch die besondere Vorschrift des § 679 Abs. 3 CPO. ersetzt ist.

4. Die Oeffentlichkeit des Verfahrens ist in gleicher Weise wie im Anfechtungsverfahren ausgeschlossen bezw. beschränkt. Vergl. oben § 14 S. 67.

V. Das Urtheil und die gegen dasselbe zulässigen Rechtsmittel.

1. Das Urtheil. Das Urtheil des Landgerichts im Wiederaufhebungsverfahren kann lauten auf:

1. Abweisung der Wiederaufhebungsklage
oder auf

2. Wiederaufhebung der Entmündigung.

Das Gericht hat seine Entscheidung dem Grundsatz des § 286 CPO. gemäß unter Berücksichtigung des gesammten Inhalts der Verhandlungen und des Ergebnisses einer etwaigen Beweisaufnahme nach freier Ueberzeugung zu treffen, ohne an gesetzliche Beweisregeln irgendwie gebunden zu sein.

Ueber den Inhalt des Urtheils, dessen Verkündung und Zustellung vergl. oben § 14 S. 67 und in Betreff der Kosten des Wiederaufhebungsprozesses s. unten § 22.

2. Von jedem in der Sache erlassenen Endurtheil, mag dasselbe auf Abweisung der Wiederaufhebungsklage oder auf Wiederaufhebung der Entmündigung lauten, hat das Prozeßgericht der Vormundschaftsbehörde

und dem Amtsgericht, welches den Entmündigungsbeschluß erlassen hat, Mittheilung zu machen.[67])

3. Die Rechtsmittel. Gegen das Urtheil sind die regelmäßigen Rechtsmittel der Berufung und der Revision zulässig. Vergl. hierüber oben § 14 S. 69.

§. 21.

Die Wirksamkeit des rechtskräftigen Wiederaufhebungsbeschlusses, bezw. des rechtskräftigen Wiederaufhebungsurtheils.

Der Beschluß des Amtsgerichts, durch welchen die Entmündigung wieder aufgehoben wird (§ 678 CPO.), tritt in entsprechender Anwendung des § 672 Abs. 1 CPO. erst in Wirksamkeit, wenn er rechtskräftig geworden ist, d. h. wenn die zur Einlegung der sofortigen Beschwerde dem Staatsanwalt gewährte zweiwöchentliche Frist unbenutzt verstrichen oder im Falle der Einlegung der Beschwerde diese als unbegründet zurückgewiesen ist. Desgleichen tritt die durch Urtheil des Landgerichts auf die Wiederaufhebungsklage ausgesprochene Aufhebung der Entmündigung in entsprechender Anwendung des § 672 CPO. erst mit der Rechtskraft des Urtheils in Wirksamkeit.

Auch das Wiederaufhebungsurtheil kann also nicht für vorläufig vollstreckbar erklärt werden.

Die Ausschließung der vorläufigen Vollstreckbarkeit hat jedoch auch hier zur Folge, daß auf Antrag zum Schutze der Person oder des Vermögens des Entmündigten einstweilige Verfügungen nach Maßgabe der §§ 936—944 CPO. getroffen werden können.[68]) Die Befugniß der Vormundschaftsbehörde, nach erlangter Kenntniß von dem Wiederaufhebungsurtheil[69]) selbstständig die etwa zum Schutze des Entmündigten erforderlich erscheinenden Maßregeln zu treffen, wird hierdurch nicht ausgeschlossen.

Was insbesondere die materiell-rechtlichen Wirkungen des rechtskräftigen Wiederaufhebungsbeschlusses bezw. Wiederaufhebungsurtheils anlangt, so kann es einem Bedenken nicht unterliegen, daß die im § 115 BGB. für den Fall der Aufhebung der Entmündigung im Wege des Anfechtungsprozesses gegebenen Vorschriften, hier keine Anwendung finden können. Durch den Wiederaufhebungsbeschluß oder das Wiederaufhebungsurtheil wird keineswegs anerkannt, daß die Entmündigung und die damit verbundene Geschäftsunfähigkeit bezw. Beschränkung der Geschäftsfähigkeit von vornherein zu Unrecht ausgesprochen worden sind, sondern nur, daß sie nach nunmehr erfolgter Genesung des Entmündigten nicht mehr aufrecht erhalten werden können. Es folgt daraus von selbst, daß alle die-

---

[67]) Vergl. § 679 Abs. 4 in Verbindung mit § 674 CPO. Ueber die Form der Mittheilung vergl. oben § 14 S. 68.

[68]) Vergl. § 679 Abs. 4 CPO. in Verbindung mit § 672 ebenda.

[69]) Vergl. § 679 Abs. 4 CPO. in Verbindung mit § 674 ebenda.

jenigen Rechtsgeschäfte, welche von oder gegenüber dem früher entmündigten Geisteskranken seit dem Wirksamkeitsbeginn seiner Entmündigung bis zur Rechtskraft des Wiederaufhebungsbeschlusses oder Wiederaufhebungsurtheils ohne rechtliche Wirksamkeit vorgenommen sind, trotz der Wiederaufhebung der Entmündigung unwirksam bleiben, und dasselbe gilt von den Willenserklärungen, welche von oder gegenüber einem entmündigten Geistesschwachen ohne Genehmigung seines gesetzlichen Vertreters und ohne, daß sie ihm lediglich einen rechtlichen Vortheil bringen, abgegeben sind.

Auf die Wirksamkeit der von oder gegenüber dem gesetzlichen Vertreter des Entmündigten vorgenommenen Rechtsgeschäfte hat die Wiederaufhebung der Entmündigung ebenfalls keinen Einfluß.

Die Wiederaufhebung hat in keinem Falle rückwirkende Kraft; erst mit dem rechtskräftigen Ausspruch derselben werden die materiell-rechtlichen Folgen der Entmündigung aufgehoben; erst von diesem Zeitpunkt an hört auch die Bevormundung auf. Dabei versteht es sich allerdings von selbst, daß auch nach der Wiederaufhebung der Beweis einer trotz der Aufhebung fortdauernden Geisteskrankheit nach § 104 Abs. 2 BGB. nicht ausgeschlossen ist.

§ 22.

Die Kosten der Entmündigung von Geisteskranken und Geistesschwachen.

A.

Die Kosten des amtsgerichtlichen Entmündigungsverfahrens.

I. Pflicht zur Kostentragung.

Die Kosten des amtsgerichtlichen Entmündigungsverfahrens sind zur Last zu legen: [70])

I. wenn die Entmündigung ausgesprochen wird: dem Entmündigten, und zwar in allen Fällen, mag die Entmündigung von dem Staatsanwalt oder von einer Privatperson beantragt sein.

II. wenn die Entmündigung abgelehnt wird:

a) der Regel nach der Staatskasse, und zwar auch in denjenigen Fällen, in welchen die Entmündigung nicht von dem Staatsanwalt, sondern von einer Privatperson beantragt ist;

b) insoweit einem der im § 646 Abs. 1 CPO. bezeichneten Antragsteller (Ehegatte, Verwandter oder gesetzlicher Vertreter des zu Entmündigenden) bei Stellung des Antrags nach dem Ermessen des Gerichts ein Verschulden trifft, diesem Antragsteller ganz oder theilweise.

---

[70]) Vergl. § 658 CPO. Die Vorschriften der §§ 114 ff. CPO. über die Bewilligung des Armenrechts finden auch im Entmündigungsverfahren entsprechende Anwendung.

In der Justizkommission wurde bei Berathung dieser Bestimmungen hervorgehoben, daß der Charakter des Entmündigungsverfahrens als eines von Amtswegen zu betreibenden, sowie die Erwägung, daß durch die Gefahr der Kostenüberbürdung mancher berechtigte Antrag zurückgehalten würde, genügende Gründe dafür gewähren, daß der Staat regelmäßig die Kosten des Verfahrens tragen soll, wenn der Antrag auf Entmündigung abgelehnt wird. In der oben zu IIb gegebenen Bestimmung ist für die Fälle leichtfertiger, chikanöser Antragstellung eine ausreichende Ausgleichung gewährt. Ob den Antragsteller ein Verschulden trifft, hat das Gericht im einzelnen Fall nach freiem Ermessen zu entscheiden, und ebenso hängt es lediglich von diesem Ermessen ab, ob im Falle eines Verschuldens die Kosten nunmehr ganz oder nur theilweise dem Antragsteller zur Last zu legen sind.

Die Anfechtung der amtsgerichtlichen Entscheidung über den Kostenpunkt ist unzulässig, wenn nicht gegen die Entscheidung in der Hauptsache ein Rechtsmittel eingelegt wird.[71])

Dem Staatsanwalt dürfen Kosten niemals zur Last gelegt werden.

II. Höhe der Gebühren.

Nach § 34 Nr. 1 des Gerichtskostenges. vom 18. Juni 1878 werden für die Entscheidung, einschließlich des Verfahrens, über Anträge auf Entmündigung, soweit die Amtsgerichte zuständig sind (§§ 645 bis 662, 675 bis 678, 680 bis 683, 685) drei Zehntheile der nach § 8 des vorbezeichneten Gesetzes zu erhebenden vollen Gebühr erhoben.

Unter Berücksichtigung des § 10 Abs. 1 Gerichtskostenges. beträgt demnach die Gebühr für das amtsgerichtliche Entmündigungsverfahren bei einem Werth des Streitgegenstandes:

								Mk.	Pf.
1.	von 200 Mark							2	30
2.	von mehr als		200	bis	300	Mark	einschließlich	3	30
3.	"	" "	300	"	450	"	"	4	50
4.	"	" "	450	"	650	"	"	6	—
5.	"	" "	650	"	900	"	"	7	80
6.	"	" "	900	"	1200	"	"	9	60
7.	"	" "	1200	"	1600	"	"	11	40
8.	"	" "	1600	"	2100	"	"	13	20
9.	"	" "	2100	"	2700	"	"	15	—
10.	"	" "	2700	"	3400	"	"	16	80
11.	"	" "	3400	"	4300	"	"	18	60
12.	"	" "	4300	"	5400	"	"	20	40
13.	"	" "	5400	"	6700	"	"	22	20
14.	"	" "	6700	"	8200	"	"	24	30
15.	"	" "	8200	"	10000	"	"	27	—
16.	"	" "	10000	"	12000	"	"	30	—
17.	"	" "	12000	"	14000	"	"	33	—

[71]) Vergl. § 99 Abs. 1 CPO

									Mk.	Pf.
18.	von	mehr	als	14000	bis	16000	Mark	einschließlich	36	—
19.	"	"	"	16000	"	18000	"	"	39	—
20.	"	"	"	18000	"	20000	"	"	42	—
21.	"	"	"	20000	"	22000	"	"	45	—
22.	"	"	"	22000	"	24000	"	"	48	—
23.	"	"	"	24000	"	26000	"	"	51	—
24.	"	"	"	26000	"	28000	"	"	54	—
25.	"	"	"	28000	"	30000	"	"	57	—
26.	"	"	"	30000	"	32000	"	"	60	—
27.	"	"	"	32000	"	34000	"	"	63	—
28.	"	"	"	34000	"	36000	"	"	66	—
29.	"	"	"	36000	"	38000	"	"	69	—
30.	"	"	"	38000	"	40000	"	"	72	—
31.	"	"	"	40000	"	42000	"	"	75	—
32.	"	"	"	42000	"	44000	"	"	78	—
33.	"	"	"	44000	"	46000	"	"	81	—
34.	"	"	"	46000	"	48000	"	"	84	—
35.	"	"	"	48000	"	50000	"	"	87	—

B.

Die Kosten der sofortigen Beschwerde (§ 663 CPO.).

I. Pflicht zur Kostentragung.

Die Kosten der sofortigen Beschwerde (§ 663 CPO.) fallen zur Last:

I. wenn die Beschwerde für begründet erachtet wird: der Staatskasse, und zwar in allen Fällen, mag die Beschwerde von dem Antragsteller oder von dem Staatsanwalt eingelegt sein (§ 663 Abs. 1 CPO.). Vergl. auch § 45 Abs. 1 Gerichtskostenges.

II. wenn die Beschwerde zurückgewiesen wird: demjenigen, welcher die Beschwerde eingelegt hat, mit der selbstverständlichen Modifikation, daß die Kosten der vom Staatsanwalt ohne Erfolg eingelegten Beschwerde auch hier der Staatskasse aufzuerlegen sind.

Die CPO. hat eine besondere Bestimmung über die Kosten der Beschwerdeinstanz im Entmündigungsverfahren nicht getroffen. In der Justizkommission wurde zur Beseitigung eines in dieser Beziehung angeregten Bedenkens von maßgebender Stelle die Erklärung abgegeben, daß für die Kosten der Beschwerdeinstanz die allgemeinen Bestimmungen des § 97 CPO. zur Anwendung kommen sollen.[72]) Wenn von dem Be-

[72]) Der § 97 Abs. 1 und 2 CPO. lautet: „Die Kosten eines ohne Erfolg eingelegten Rechtsmittels fallen der Partei zur Last, welche dasselbe eingelegt hat. Die Kosten der Berufungsinstanz können der obsiegenden Partei ganz oder

schwerdegericht die Entmündigung ausgesprochen wird, so kann jedoch weder der Entmündigte selbst, noch der mit der Beschwerde obsiegende Beschwerdeführer zur Tragung der Kosten verpflichtet sein. Die Kosten können vielmehr in diesem Fall immer nur der Staatskasse auferlegt werden. Daß die Kosten des ohne Erfolg eingelegten Rechtsmittels dem Beschwerdeführer zur Last fallen, ergiebt die Vorschrift des § 97 Abs. 1 CPO., nur versteht es sich, wie bereits bemerkt, von selbst, daß der Staatsanwalt auch in diesem Fall nicht in die Kosten verurtheilt werden kann.

II. Höhe der Gebühren.

Für die Berechnung der Gebühren der Beschwerdeinstanz ist die Bestimmung des § 45 des Gerichtskostenges. maßgebend, welche lautet:

„Drei Zehntheile der Gebühr (§ 8) werden erhoben für die Entscheidung, einschließlich des vorangegangenen Verfahrens, in der Beschwerdeinstanz, soweit die Beschwerde als unzulässig verworfen oder zurückgewiesen wird oder die Kosten des Verfahrens einem Gegner zur Last fallen. Insoweit dies nicht der Fall ist, werden Gebühren nicht erhoben.

Diese Vorschrift kommt bei Anträgen auf Aenderung einer Entscheidung des beauftragten oder ersuchten Richters oder des Gerichtsschreibers (CPO. § 576) zur entsprechenden Anwendung."

Zu der im letzten Satz des Abs. 1 enthaltenen Bestimmung ist zu bemerken, daß durch dieselbe nach den in der Justizkommission abgegebenen Erklärungen die Erhebung einer Gebühr nach § 46 für den Fall der Zurücknahme einer Beschwerde nicht ausgeschlossen ist, daß aber andererseits nach der Vorschrift des § 80a Nr. 1 Gerichtskostenges. für die von Amtswegen anzufertigenden Ausfertigungen und Abschriften in den Fällen des § 45 Abs. 1 Satz 2 auch keine Schreibgebühren erhoben werden.

Unter Berücksichtigung des § 10 Abs. 1 Gerichtskostenges. beträgt demnach die Gebühr der Beschwerdeinstanz:

	Mk.	Pf.
1. bei dem niedrigsten zulässigen Werth des Streitgegenstandes von 200 Mk.	2	30
2. bei einem Werth des Streitgegenstandes: von mehr als 200 bis 300 Mk. einschließlich	3	30
3. „ „ „ 300 „ 450 „ „	4	50
4. bei dem in der Regel anzunehmenden Werth v. 2000 Mk.	13	20
5. bei dem höchsten zulässigen Werth von 50,000 Mk.	87	—

Im Uebrigen ist hier die tabellarische Berechnung oben A, II zu vergleichen.

---

theilweise auferlegt werden, wenn sie auf Grund eines neuen Vorbringens obsiegt, welches sie nach freiem Ermessen des Gerichts in erster Instanz geltend zu machen im Stande war."

C.

Die Kosten des Anfechtungsprozesses (§§ 664—672 CPO.).

I. Pflicht zur Kostentragung.

Die Pflicht zur Tragung der Kosten des Anfechtungsprozesses ist im § 673 CPO. wie folgt geregelt:

1. Wenn die Anfechtungsklage von dem Staatsanwalt erhoben ist, so hat die Staatskasse in allen Fällen die Kosten des Rechtsstreites zu tragen. [73])

Der Staatskasse sind also stets die Kosten zur Last zu legen, mag die Anfechtungsklage abgewiesen oder die vom Amtsgericht ausgesprochene Entmündigung aufgehoben werden. Auch wenn Streitgenossen nach § 666 Abs. 3 CPO. auf Seiten der einen oder der anderen Partei an dem Anfechtungsprozesse Theil genommen haben, wird man die daraus entstehenden Kosten unbedingt der Staatskasse zur Last legen müssen. Die Fassung des § 673 Abs. 2 CPO. („in allen Fällen") läßt kaum eine andere Auslegung zu. Zu den „Kosten des Rechtsstreits" gehören nach § 91 CPO. unbedenklich auch die dem Gegner erwachsenen Kosten, soweit dieselben nach freiem Ermessen des Gerichts zur zweckentsprechenden Rechtsvertheidigung nothwendig waren. Die Kostenerstattung umfaßt auch die Entschädigung des Gegners für die durch nothwendige Reisen oder durch die nothwendige Wahrnehmung von Terminen entstandene Zeitversäumniß; die für die Entschädigung von Zeugen geltenden Vorschriften finden entsprechende Anwendung.

Im Uebrigen beschränkt sich die Anwendbarkeit des § 673 Abs. 2 CPO. lediglich auf die Verhandlung über die von dem Staatsanwalt erhobene Anfechtungsklage. Auf das weitere Verfahren in der Berufungs- und Revisionsinstanz finden die allgemeinen Grundsätze des § 97 CPO. Anwendung.

2. Wenn der Staatsanwalt als Beklagter unterliegt (§ 666 Abs. 1 CPO.), so ist die Staatskasse zur Erstattung der dem obsiegenden Gegner erwachsenen Kosten in Gemäßheit der Bestimmungen des fünften Titels des zweiten Abschnitts des ersten Buchs (§§ 91 ff.) CPO. zu verurtheilen. [74])

3. In allen übrigen Fällen kommen in Betreff der Pflicht zur Kostentragung die allgemeinen Grundsätze der §§ 91 ff. CPO. zur Anwendung.

Alle anderen Kläger als der Staatsanwalt, also der Entmündigte selbst, der Vormund desselben und die im § 646 Abs. 1 CPO. bezeichneten Personen, werden, wenn sie im Anfechtungsprozeß unterliegen, in die Kosten verurtheilt. Für die Vertheilung der Kosten unter mehrere Streit-

---

[73]) Vergl. § 673 Abs. 2 CPO.
[74]) Vergl. § 673 Abs. 1 CPO.

genossen ist der § 100 CPO. maßgebend,[75]) falls nicht der Staatsanwalt die Klage erhoben hat. Vergl. oben Nr. 1.

II. Höhe der Gebühren.

Für die Berechnung der Gebühren des Anfechtungsprozesses sind folgende Bestimmungen des Gerichtskostengesetzes maßgebend:

§ 18. Die volle Gebühr (§ 8) wird erhoben:

1. für die kontradiktorische mündliche Verhandlung (Verhandlungsgebühr);
2. für die Anordnung einer Beweisaufnahme (Beweisgebühr);
3. für eine andere Entscheidung (Entscheidungsgebühr).

§ 19. Die Verhandlung gilt als kontradiktorisch im Sinne des § 18 Nr. 1, soweit in derselben von beiden Parteien einander widersprechende Anträge gestellt werden.

§ 20. Die Verhandlungsgebühr kommt auch zur Erhebung:

1. für eine nicht kontradiktorische mündliche Verhandlung in Ehesachen und in den vor die Landgerichte gehörigen Entmündigungssachen . . ., sofern der Kläger verhandelt;
2. für die pp.

§ 22. Die Beweisgebühr (§ 18 Nr. 2) wird nur zur Hälfte erhoben, wenn die angeordnete Beweisaufnahme weder ganz noch theilweise stattgefunden hat.

Dasselbe findet statt pp.[76])

§ 49. In der Berufungsinstanz erhöhen sich die Gebührensätze um ein Viertheil, in der Revisionsinstanz um die Hälfte.

Für eine Beweisanordnung sowie Beweisaufnahme in der Berufungsinstanz, welche nur auf Grund der in der ersten Instanz vorgebrachten Thatsachen und Beweismittel erfolgt, kommt eine Beweisgebühr nicht zur Erhebung, soweit eine solche rücksichtlich desselben Streitgegenstandes schon in der ersten Instanz zu erheben war.

Nach diesen Bestimmungen und unter Berücksichtigung des § 10 Abs. 1 Gerichtskostenges. betragen die vollen Gebühren im Anfechtungsprozeß:[77])

---

[75]) Der § 100 CPO. lautet: „Besteht der unterliegende Theil aus mehreren Personen, so haften dieselben für die Kostenerstattung nach Kopftheilen.

Bei einer erheblichen Verschiedenheit der Betheiligung am Rechtsstreite kann nach dem Ermessen des Gerichts die Betheiligung zum Maßstabe genommen werden.

Hat ein Streitgenosse ein besonderes Angriffs- oder Vertheidigungsmittel geltend gemacht, so sind die übrigen Streitgenossen für die durch dasselbe veranlaßten Kosten nicht verhaftet.

Werden mehrere Beklagte als Gesammtschuldner verurtheilt, so haften sie auch für die Kostenerstattung, unbeschadet der Vorschrift des Abs. 3, als Gesammtschuldner. Die Vorschriften des Bürgerlichen Rechts, nach denen sich diese Haftung auf die im Abs. 3 bezeichneten Kosten erstreckt, bleiben unberührt."

[76]) Der Abs. 2 des § 22 betr. Vergleich, Verzicht und Anerkenntniß findet ebensowenig wie die §§ 21 und 23 Anwendung, da im Anfechtungsprozeß die Grundsätze vom Vergleich, Verzicht und Anerkenntniß unanwendbar sind.

[77]) In Betreff der Gebühren bei Zurücknahme der Klage bezw. der Berufung oder der Revision vergl. § 46 Abs. 1 und 2 Ger.Kost.Ges. in der durch die

bei einem Werth des Streitgegenstandes:	Für die erste Instanz M.	Pf.	Für die Berufungs-Instanz M.	Pf.	Für die Revisions-Instanz M.	Pf.
1. von 200 M.	7	50	9	40	11	30
2. von mehr als 200 bis 300 M. einschl.	11	—	13	80	16	50
3. „ „ „ 300 „ 450 „ „	15	—	18	80	22	50
4. „ „ „ 450 „ 650 „ „	20	—	25	—	30	—
5. „ „ „ 650 „ 900 „ „	26	—	32	50	39	—
6. „ „ „ 900 „ 1200 „ „	32	—	40	—	48	—
7. „ „ „ 1200 „ 1600 „ „	38	—	47	50	57	—
8. „ „ „ 1600 „ 2100 „ „	44	—	55	—	66	—
9. „ „ „ 2100 „ 2700 „ „	50	—	62	50	75	—
10. „ „ „ 2700 „ 3400 „ „	56	—	70	—	84	—
11. „ „ „ 3400 „ 4300 „ „	62	—	77	50	93	—
12. „ „ „ 4300 „ 5400 „ „	68	—	85	—	102	—
13. „ „ „ 5400 „ 6700 „ „	74	—	92	50	111	—
14. „ „ „ 6700 „ 8200 „ „	81	—	101	30	121	50
15. „ „ „ 8200 „ 10000 „ „	90	—	112	50	135	—
Die ferneren Werthsklassen steigen um je 2000 M. und die Gebühren um je 10, 12, 50 und 15 M., so daß die Gebühren bei dem höchstzulässigen Werth des Streitgegenstandes von 50000 M. betragen.	290	—	362	50	435	—

Im Falle des oben angeführten § 22 Gerichtskostenges. ist die vorstehend berechnete Beweisgebühr (§ 18 Nr. 2) nur zur Hälfte zu erheben, wobei zu berücksichtigen ist, daß nach § 7 Abs. 2 Gerichtskostenges. Pfennigbeträge, welche ohne Bruch nicht durch zehn theilbar sind, auf den nächst höheren durch zehn theilbaren Betrag abgerundet werden müssen.

Hervorzuheben sind endlich hier noch folgende Vorschriften des Gerichtskostengesetzes:

Novelle abgeänderten Fassung: „Wird eine Klage, ein Antrag, ein Einspruch oder ein Rechtsmittel zurückgenommen, bevor ein gebührenpflichtiger Akt stattgefunden hat, so wird ein Zehntheil der Gebühr erhoben, welche für die beantragte Entscheidung oder im Falle des § 43 für die beantragte Verhandlung zu erheben sein würde.

Diese Gebühr wird nicht erhoben, wenn ein zur Terminsbestimmung eingereichter Schriftsatz vor Bestimmung des Termins zurückgezogen ist."

Dieselben Grundsätze kommen bei Berechnung der Gebühren zur Anwendung, wenn ein Entmündigungsantrag zurückgenommen wird. Vergl. oben § 5 S. 21. Dasselbe gilt für die Zurücknahme des Wiederaufhebungsantrags.

Der § 10 Abs. 1 Gerichtskostenges. lautet: „Bei nicht vermögensrechtlichen Ansprüchen wird der Werth des Streitgegenstandes zu 2000 Mark, ausnahmsweise niedriger oder höher, jedoch nicht unter 200 Mark und nicht über 50000 Mark angenommen."

1. Nach § 35 Nr. 3 ebenda werden für die Entscheidung einschließlich des vorangegangenen Verfahrens über den Antrag auf Anordnung einstweiliger Verfügungen (§§ 921, 922, 934, 936 bis 944 CPO.) zwei Zehntheile der vollen Gebühr (§ 8) erhoben, soweit nicht nachträglich eine Gebühr des § 26 Nr. 9 zur Erhebung kommt.
2. Nach § 47 Nr. 9 ebenda werden für die Verhandlung und Entscheidung über den vom Entmündigten gestellten Antrag auf Beiordnung eines Rechtsanwalts (§ 668 CPO.) Gebühren nicht erhoben. Auch ist in diesem Fall nach § 80a Nr. 1 ebenda die Erhebung von Schreibgebühren für die von Amtswegen etwa anzufertigenden Ausfertigungen und Abschriften unzulässig.

D.

Die Kosten des amtsgerichtlichen Wiederaufhebungsverfahrens.[78])

I. Pflicht zur Kostentragung.

Die Kosten des amtsgerichtlichen Wiederaufhebungsverfahrens sind zur Last zu legen:

1. wenn die Wiederaufhebung ausgesprochen wird: dem Entmündigten, und zwar in allen Fällen, mag die Wiederaufhebung von ihm selbst oder von seinem gesetzlichen Vertreter oder von dem Staatsanwalt beantragt sein;
2. wenn die Wiederaufhebung abgelehnt wird:
   a) falls das Verfahren von dem Staatsanwalt ohne Erfolg beantragt ist, der Staatskasse,
   b) falls das Verfahren von dem Entmündigten oder dessen gesetzlichen Vertreter ohne Erfolg beantragt ist, dem Entmündigten.

II. Höhe der Gebühren.

Die Höhe der Gebühren für das amtsgerichtliche Wiederaufhebungsverfahren ist in gleicher Weise wie für das amtsgerichtliche Entmündigungsverfahren festgesetzt.

Unter Berücksichtigung des § 10 Abs. 1 Gerichtskostenges. betragen demnach die Gebühren:

	M.	Pf.
1. bei dem niedrigsten zulässigen Werth des Streitgegenstandes von 200 M.	2	30
2. bei einem Werth des Streitgegenstandes von mehr als 200 bis 300 M. einschließlich	3	40

---

[78]) Vergl. § 677 CPO.

	M.	Pf.
3. von mehr als 300 bis 450 M. einschließlich	4	50
4. bei dem in der Regel anzunehmenden Werth von 2000 M.	13	20
5. bei dem höchsten zulässigen Werth von 50000 M.	87	—

Im Uebrigen ist die tabellarische Berechnung oben A, II zu vergleichen.

E.
Die Kosten der sofortigen Beschwerde (§ 678 Abs. 2 CPO.).

Da die im § 678 Abs. 2 CPO. gegen den Beschluß, durch welchen die Entmündigung wiederaufgehoben wird, gewährte Beschwerde nur dem Staatsanwalt zusteht, und dieser in keinem Fall zur Tragung von Kosten verurtheilt werden kann, so müssen in allen Fällen die Kosten dieser Beschwerdeinstanz der Staatskasse zur Last fallen.

F.
Die Kosten des Wiederaufhebungsprozesses (§ 679 CPO.).

Nach dem Generalcitat des § 679 Abs. 4 CPO. finden auf die Pflicht zur Tragung der Kosten des Wiederaufhebungsprozesses die Bestimmungen des § 673 CPO. entsprechende Anwendung. Die Pflicht zur Kostentragung ist also in ganz gleicher Weise wie für den Anfechtungsprozeß geregelt, und da auch in Betreff der Höhe der Gebühren ein Unterschied nicht besteht, so kann lediglich auf die oben unter C, I und II aufgestellten Grundsätze und Berechnungen verwiesen werden.

Es ist hier nur noch besonders hervorzuheben, daß für die nach § 679 Abs. 3 CPO. zulässige Beiordnung eines Rechtsanwalts als Vertreter des Entmündigten nach § 47 Nr. 9 Gerichtskostenges. Gebühren nicht erhoben werden.[79])

---

[79]) Ueber die Aufbewahrung und Vernichtung der in Entmündigungssachen verhandelten Akten bestehen in Preußen folgende Vorschriften:

Nach der Bestimmung der Allg. Verfügung v. 22. September 1879, betreffend die Aufbewahrung und Vernichtung der Akten bei den Justizbehörden (JMBl. S. 376) sind alle Akten in Entmündigungssachen zur Veräußerung nach dreißig Jahren geeignet. Die dreißigjährige Frist beginnt mit dem Tage der Weglegung der Akten. Wenn besondere Gründe eine längere als dreißigjährige Aufbewahrung von Entmündigungsakten angemessen erscheinen lassen, so ist die Ausschließung solcher Akten von der Veräußerung oder der Vernichtung von dem Vorstande des Gerichts anzuordnen. Wenn die Aussonderung der Akten erfolgt ist, so wird nach der Allg. Verfügung v. 17. September 1880 (JMBl. S. 203) durch Abdruck in dem für gerichtliche Bekanntmachungen bestimmten Blatte eine Bekanntmachung erlassen, welche eine allgemeine Bezeichnung der zu vernichtenden Akten und die Aufforderung enthält, daß diejenigen, welche an der längeren Aufbewahrung der Akten ein Interesse haben, dasselbe innerhalb einer Frist von vier Wochen anzumelden und zu bescheinigen haben. Im Uebrigen dürfen nach derselben Allg. Verf. Akten, welche Entmündigungssachen betreffen, nur zum Einstampfen in den Papiermühlen oder doch zu einem sonstigen, sie vernichtenden Gebrauche an zuverlässige Personen verkauft werden.

Zweiter Theil.

Die Entmündigung wegen Verschwendung und wegen Trunksucht.

§ 23.

Vorbemerkung.

Wenn eine an sich zur freien Verfügung über ihr Vermögen berechtigte Person einen dergestalt leichtsinnigen, unbesonnenen und ausschweifenden Gebrauch von ihrem Vermögen macht, daß sie bei Fortsetzung einer solchen Lebensweise der Verarmung entgegen geht und ihren Verwandten oder den sonst zu ihrer Unterhaltung Verpflichteten zur Last zu fallen droht, dann ist im öffentlichen Interesse und zum Schutze der gefährdeten Einzelninteressen die Pflicht und das Recht des Staates begründet, eine solche Person als einen Verschwender zu entmündigen und ihr Vermögen unter vormundschaftliche Verwaltung zu stellen.

Bereits das römische Recht hatte deßhalb die Zulässigkeit einer obrigkeitlichen Fürsorge für Verschwender gebilligt,[80]) und die Grundsätze, welche dasselbe über die cura prodigi aufgestellt hatte, fanden auch in Deutschland bald allgemeine Aufnahme.[81]) So verordnete das bayerische Landrecht, daß Personen, welche das Ihrige liederlicher oder verschwenderischer Weise verthun, bevormundet werden sollten; so ließ die preußische Allgemeine Gerichtsordnung eine förmliche Prodigalitätserklärung derjenigen Personen eintreten, welche durch unbesonnene und unnütze Ausgaben oder durch muthwillige Vernachlässigung ihr Vermögen beträchtlich vermindern oder sich in Schulden stecken; so sollten nach dem sächsischen Bürgerlichen Gesetzbuch Personen, welche ihr Vermögen auf leichtsinnige Weise durchbringen und hierdurch sich und ihre Familie der Gefahr eines Nothstandes aussetzen, bevormundet werden, nach § 81 der preußischen Vormundschaftsordnung vom 5. Juli 1875 Großjährige, wenn sie für Verschwender erklärt waren, einen Vormund erhalten und auch nach dem sächsischen Gesetz vom 20. Februar 1882 als Verschwender festgestellte Personen entmündigt werden. Der code

[80]) Vergl. l. 1 pr. D. de cur. fur. (27, 10): „solent hodie Praetores vel Praesides, si talem hominem invenerint, qui neque tempus neque finem expensarum habet, sed bona sua dilacerando et dissipando profundit, curatorem ei dare exemplo furiosi.“ Vergl. § 3 Inst. de cur. (I, 23); const. Cod. de cur. fur. (5, 70); Paull. III 4a § 7.

[81]) Vergl. Beseler, Deutsches Privatrecht § 148; Rudorff, Recht der Vormundschaft I S. 128ff.; Kraut, Vormundschaft II S. 210ff.

civ. hatte zwar die Entmündigung von Verschwendern als ein die bürgerliche Freiheit gefährdendes Institut verworfen, zum Ersatz hierfür jedoch verordnet, daß den Verschwendern vom Gericht ein Beistand beigegeben werden könne, ohne dessen Genehmigung im einzelnen Falle sie zur Vornahme gewisser Rechtsgeschäfte unfähig sein sollten. In der preußischen Rheinprovinz wurde diese französisch-rechtliche Verbeistandung durch die Vormundschaft wegen Verschwendung ersetzt, während sie in Elsaß-Lothringen und auch im Großherzogthum Baden, dessen Landrecht dem Code civ. nachgebildet war, der Hauptsache nach in Geltung blieb.

Dieser buntscheckigen Gestaltung hat das Bürgerliche Gesetzbuch für das Deutsche Reich ein Ende gemacht, indem es gemeinsam für ganz Deutschland im § 6 Ziff. 2 die Bestimmung getroffen hat, daß derjenige entmündigt werden kann, welcher durch Verschwendung sich oder seine Familie der Gefahr des Nothstandes aussetzt.

Das in den verschiedenen Rechtsgebieten des Deutschen Reiches ebenfalls sehr verschiedenartig gestaltete Entmündigungsverfahren gegen Verschwender hatte inzwischen bereits durch die Civilprozeßordnung vom 30. Januar 1877 für das gesammte Deutsche Reich eine einheitliche gesetzliche Regelung, und zwar, abgesehen von einigen aus der Natur des Verfahrens selbst sich ergebenden Abweichungen, im Allgemeinen in Uebereinstimmung mit dem Entmündigungsverfahren wegen Geisteskrankheit gefunden. Auch hier ist ein Entmündigungsverfahren und ein Wiederaufhebungsverfahren von einander geschieden. Im Entmündigungsverfahren findet zunächst zur Feststellung des Zustandes der Verschwendung ein amtsgerichtliches Offizialverfahren statt, welches durch Beschluß erledigt wird. Gegen den auf Entmündigung lautenden Beschluß ist, wie im Verfahren gegen Geisteskranke, die Anfechtungsklage gegeben. Zum Zweck der Wiederaufhebung der Entmündigung ist zunächst ein amtsgerichtliches Offizialverfahren angeordnet; der in demselben ergehende Beschluß kann alsdann im Wege der Wiederaufhebungsklage angefochten werden. Eine Mitwirkung der Staatsanwaltschaft findet nicht statt; die Entmündigung, sowie die Wiederaufhebung derselben wird öffentlich bekannt gemacht.

Das Gesetz, betreffend Aenderungen der Civilprozeßordnung, vom 17. Mai 1898 hat an diesen Grundzügen des in der Civilprozeßordnung vom 30. Januar 1877 gestalteten Verfahrens gegen Verschwender nichts geändert, dieselben vielmehr im Wesentlichen auch auf die im § 6 Ziff. 3 des Bürgerlichen Gesetzbuchs vorgesehene Entmündigung wegen Trunksucht übertragen.

Erster Abschnitt.

Das Entmündigungsverfahren.

§ 24.

Das Entmündigungsverfahren im Allgemeinen.

Nach der ausdrücklichen Bestimmung des § 680 CPO. kann die Entmündigung wegen Verschwendung oder wegen Trunksucht nur durch Beschluß des Amtsgerichts erfolgen, und finden auf das hierbei zu beobachtende Verfahren lediglich die Vorschriften des § 646 Abs. 1 und der §§ 647, 648, 653, 657 und 663 CPO. entsprechende Anwendung.

Damit sind alle partikularrechtlichen Vorschriften der Landesgesetzgebungen über sonstige Voraussetzungen der Entmündigung, soweit dieselben prozessualer Natur sind, beseitigt worden. Es gehören dahin insbesondere alle diejenigen Bestimmungen, nach welchen, wie z. B. in Bayern und im Königreich Sachsen, der gerichtlichen Entmündigung ein in vorheriger Verwarnung, Mahnung zu besserer Hauswirthschaft u. dergl. bestehendes administratives Verfahren vorangehen sollte.

Andererseits sind die materiell-rechtlichen Voraussetzungen, unter welchen eine Person als Verschwender oder wegen Trunksucht entmündigt werden kann, durch die Civilprozeßordnung nicht berührt; dieselben werden vielmehr lediglich durch die Vorschriften des Bürgerlichen Gesetzbuchs für das Deutsche Reich bestimmt.

Nach § 6 Ziff. 2 und 3 BGB. kann entmündigt werden

1. wer durch Verschwendung sich oder seine Familie der Gefahr des Nothstandes aussetzt,

2. wer in Folge von Trunksucht seine Angelegenheiten nicht zu besorgen vermag oder sich oder seine Familie der Gefahr des Nothstandes aussetzt oder die Sicherheit Anderer gefährdet.

Eine Begriffsbestimmung der Verschwendung und der Trunksucht hat das Bürgerliche Gesetzbuch nicht gegeben. Aus den im Gesetz selbst angegebenen Folgeerscheinungen dieser Zustände in Verbindung mit allgemeinen Rechtsgrundsätzen lassen sich jedoch die Begriffe der eine Entmündigung rechtfertigenden Verschwendung und Trunksucht im Sinne des Gesetzes dahin feststellen:

1. Verschwendung ist dasjenige Verhalten einer Person, welches den Hang derselben zu einer im offenbaren Mißverhältniß zu dem vorhandenen Vermögen und Einkommen stehenden, die Gefahr eines Nothstandes für diese Person selbst oder ihre Familie mit sich führenden zwecklosen Vergeudung erkennen läßt.[82])

2. Trunksucht ist derjenige Grad einer krankhaften, andauernden Sucht nach geistigen Getränken, welcher den Kranken zur vernünftigen Besorgung der Gesammtheit seiner Angelegenheiten unfähig macht oder ihn oder seine Familie der Gefahr des Nothstandes aussetzt oder die Sicherheit Anderer gefährdet.

Der Beschluß des Amtsgerichts, durch welchen die Entmündigung einer Person wegen Verschwendung oder wegen Trunksucht ausgesprochen wird, kann nur auf Antrag erlassen werden. Ein Einschreiten des Gerichts von Amtswegen findet auch hier, ebenso wie bei dem Entmündigungsverfahren wegen Geisteskrankheit oder wegen Geistesschwäche, nicht statt. Im Uebrigen ist das Entmündigungsverfahren wegen Verschwendung und wegen Trunksucht wie folgt geregelt:

§ 25.

Die Gerichtszuständigkeit. Die Antragsberechtigung. Der Entmündigungsantrag.

I. Die Gerichtszuständigkeit.

Für die Einleitung des Entmündigungsverfahrens wegen Verschwendung oder wegen Trunksucht ist in entsprechender Anwendung des § 648 CPO. dasjenige Amtsgericht, bei welchem der zu Entmündigende seinen allgemeinen Gerichtsstand hat, ausschließlich zuständig.

Gegen einen Deutschen, welcher im Inlande keinen allgemeinen Gerichtsstand hat, kann der Antrag bei demjenigen Amtsgerichte gestellt werden, in dessen Bezirke der zu Entmündigende den letzten Wohnsitz im Inlande hatte; in Ermangelung eines solchen Wohnsitzes gilt die Hauptstadt des Heimathsstaates als Wohnsitz. Ist die Hauptstadt in mehrere Gerichtsbezirke getheilt, so wird der als Wohnsitz geltende Bezirk von der Landesjustizverwaltung durch allgemeine Anordnung bestimmt. Gehört der zu Entmündigende einem Bundesstaate nicht an, so gilt als sein Wohnsitz die Stadt Berlin, und wenn dieselbe in mehrere Gerichtsbezirke getheilt ist, so wird der als Wohnsitz geltende Bezirk von dem Reichskanzler durch allgemeine Anordnung bestimmt.

---

[82]) Vergl. die Erkenntnisse des Reichsgerichts v. 30. Juni 1882 (EC. 7 S. 346); v. 22. Februar 1887 (Bolze, 4 S. 39); v. 15. Mai 1888 (EC. 21 S. 167) und v. 28. Oktober 1895 (EC. 36 S. 238).

Ausländer können nach Art. 8 des Einführungsgesetzes zum Bürgerlichen Gesetzbuch nach den deutschen Gesetzen entmündigt werden, wenn sie ihren Wohnsitz oder, falls sie keinen Wohnsitz haben, ihren Aufenthalt im Inlande haben. Durch den Ort des Wohnsitzes oder des Aufenthalts wird alsdann die Zuständigkeit des Amtsgerichts für das Entmündigungsverfahren begründet.

II. Die Antragsberechtigung.

In Betreff der Antragsberechtigung finden zunächst die Vorschriften des § 646 Abs. 1 CPO. entsprechende Anwendung. [83])

Der Antrag kann danach von dem Ehegatten, einem Verwandten oder demjenigen gesetzlichen Vertreter des zu Entmündigenden gestellt werden, welchem die Sorge für die Person zusteht. Gegen eine Person, die unter elterlicher Gewalt oder unter Vormundschaft steht, kann der Antrag von einem Verwandten nicht gestellt werden. Gegen eine Ehefrau kann der Antrag von einem Verwandten nur gestellt werden, wenn auf Aufhebung der ehelichen Gemeinschaft erkannt ist oder wenn der Ehemann die Ehefrau verlassen hat oder wenn der Ehemann zur Stellung des Antrags dauernd außer Stande oder sein Aufenthalt dauernd unbekannt ist.

Im Einzelnen sind hierüber die oben im § 4 enthaltenen Erörterungen zu vergleichen.

Eine Mitwirkung der Staatsanwaltschaft findet im Entmündigungsverfahren wegen Verschwendung oder wegen Trunksucht überhaupt nicht statt; der Staatsanwalt ist demnach auch in keinem Falle befugt, den Antrag auf Entmündigung einer Person wegen Verschwendung oder wegen Trunksucht zu stellen. [84])

Dagegen sind die landesgesetzlichen Vorschriften unberührt geblieben, nach welchen eine Gemeinde oder ein der Gemeinde gleichstehender Verband oder ein Armenverband berechtigt ist, die Entmündigung wegen Verschwendung oder wegen Trunksucht zu beantragen. [85]) In Betreff der Entmündigung wegen Verschwendung bestehen derartige Vorschriften:

1. in **Bayern** für die Landestheile, in denen das preußische Allgem. Landrecht keine Geltung hat, im Art. 38 Abs. 4 des Gesetzes vom 29. April 1869, die öffentliche Armen- und Krankenpflege betreffend, welcher bestimmt:

> „Der Armenpflegschaftsrath ist berechtigt, die Bestellung gerichtlicher Kuratel über Personen zu beantragen, welche durch Verschwendung die Besorgniß begründen, daß sie der Armenkasse zur Last fallen werden",

2. im **Königreich Sachsen** im Art. I § 816 Abs. 2 des Gesetzes, die Entmündigung und die Bevormundung Geisteskranker, Gebrechlicher und Verschwender betreffend, vom 20. Februar 1882, welcher lautet:

---

[83]) Vergl. § 680 Abs. 3 CPO.
[84]) Vergl. § 680 Abs. 4 CPO.
[85]) Vergl. § 680 Abs. 5 CPO.

„Zum Antrag auf Entmündigung wegen Verschwendung ist außer den im § 595 Abs. 1 der Civilprozeßordnung bezeichneten Personen auch die Gemeinde befugt, in welcher der zu Entmündigende seinen Wohnsitz oder seinen Unterstützungswohnsitz hat."

3. in Sachsen-Weimar-Eisenach, Sachsen-Koburg-Gotha, Sachsen-Altenburg, Schwarzburg-Rudolstadt, Schwarzburg-Sondershausen, Reuß jüng. Linie und Lippe-Detmold,

wo die betreffenden Ausführungsgesetze zur Civilprozeßordnung die im Wesentlichen gleichlautende Bestimmung enthalten, daß der Antrag auf Entmündigung einer Person wegen Verschwendung in allen Fällen auch von dem Gemeindevorstand des Ortes gestellt werden kann, an welchem die Person ihren Wohnsitz oder den Unterstützungswohnsitz hat. [86])

4. in Reuß ältere Linie,

wo § 21 des Ausführungsgesetzes zur Civilprozeßordnung vom 3. Mai 1879 bestimmt, daß der Entmündigungsantrag wegen Verschwendung von dem Gemeindevorstand des Unterstützungswohnsitzes gestellt werden kann.

Wie in der Begründung des § 680 Abs. 5 CPO. bemerkt wird, rechtfertigt der Zusammenhang der vorgedachten Vorschriften mit dem öffentlichen Rechte, insbesondere mit der Armenpflege, ihre fernere Zulassung. Zu ihren Gunsten ist deßhalb jetzt der oben erwähnte besondere Vorbehalt gemacht, der in Berücksichtigung der Verwandtschaft des Gegenstandes, auch auf die Entmündigung wegen Trunksucht ausgedehnt worden ist.

III. Der Antrag.

1. Form. Die Form des Antrags auf Entmündigung einer Person wegen Verschwendung oder wegen Trunksucht ist dieselbe wie die des Antrags auf Entmündigung wegen Geisteskrankheit oder Geistesschwäche. Der Antrag kann demnach sowohl bei dem Gericht schriftlich eingereicht als auch zum Protokoll des Gerichtsschreibers angebracht werden. [87])

2. Inhalt. Der Antrag soll eine Angabe der ihn begründenden Thatsachen und die Bezeichnung der Beweismittel enthalten. [88])

Es werden also, den oben angegebenen Begriffsbestimmungen der Verschwendung und der Trunksucht entsprechend, in einem auf Entmündigung wegen Verschwendung gerichteten Antrage solche Thatsachen angeführt werden müssen, aus denen der Hang des zu Entmündigenden erkennen läßt, eine in offenbarem Mißverhältniß zu dem vorhandenen Vermögen und Einkommen stehende, die Gefahr eines Nothstandes für ihn selbst oder seine Familie mit sich führende zwecklose Vergeudung zu treiben. Zur

---

[86]) Vergl. § 6 des Sachs.-Weim.-Eis.Ges. v. 10. Mai 1879; § 7 des Sachs.-Koburg-Goth. Ges. v. 7. April 1879; § 9 des Sachs.-Altenb. Ges. v. 25. Mai 1879; § 5 des Schwarzburg-Rudolst. Ges. v. 1. Mai 1879 u. s. w.

[87]) Vergl. § 680 Abs. 3 in Verbindung mit § 647 Satz 1 CPO.

[88]) Vergl. § 680 Abs. 3 in Verbindung mit § 647 Satz 2 CPO.

Begründung des Antrags auf Entmündigung wegen Trunksucht werden dagegen solche Thatsachen dem Gericht unterbreitet werden müssen, aus denen mit einiger Sicherheit auf eine solche krankhafte Sucht nach geistigen Getränken geschlossen werden kann, welche den zu Entmündigenden zur vernünftigen Besorgung der Gesammtheit seiner Angelegenheiten unfähig macht oder ihn oder seine Familie der Gefahr des Nothstandes aussetzt oder die Sicherheit Anderer gefährdet.

In der Wahl der Beweismittel ist dem Antragsteller vollkommen freie Hand gelassen. Zeugen werden über unmäßige Geldausgaben, unnützen Aufwand, unbesonnenes Schuldenmachen, fortgesetzten Wirthshausbesuch, unverantwortliche Wirthschaftsvernachlässigung u. dergl., Sachverständige über verfehlte Geschäftsspeculationen, leichtsinniges Börsenspiel, körperlichen Verfall des Trunksüchtigen vorgeschlagen, Urkunden über verunglückte oder gewagte Geschäfte, Zechschulden u. dergl. des zu Entmündigenden beigebracht werden können.

Einer besonderen Glaubhaftmachung oder Bescheinigung der zur Begründung des Entmündigungsantrags dienenden thatsächlichen Behauptungen bedarf es nicht, doch ist eine solche selbstverständlich nicht verboten und sicherlich in den meisten Fällen zur Vermeidung einer sofortigen Zurückweisung des Entmündigungsantrags für zweckdienlich zu erachten.

IV. Das amtsgerichtliche Ermittelungsverfahren.

1. Prüfung des Entmündigungsantrags und Einleitung des Verfahrens. Nach Eingang des Entmündigungsantrags hat das Amtsgericht vor Einleitung des Verfahrens die Zulässigkeit und die Begründung des Antrags von Amtswegen zu prüfen.

Für diese Prüfung sind in entsprechender Anwendung die oben im § 6 für das Entmündigungsverfahren wegen Geisteskrankheit oder wegen Geistesschwäche aufgestellten Grundsätze maßgebend. Besonderer Prüfung wird hier insbesondere die Frage nach der Antragsberechtigung unterliegen müssen, da hier auch die oben erwähnten landesgesetzlichen Vorschriften, nach welchen eine Gemeinde oder ein ihr gleichstehender Verband oder ein Armenverband die Entmündigung wegen Verschwendung oder Trunksucht zu beantragen berechtigt ist, berücksichtigt werden müssen.

Das Amtsgericht kann den Entmündigungsantrag, falls derselbe in irgend einer Beziehung nach Form und Inhalt den gesetzlichen Erfordernissen nicht entspricht, ohne Weiteres und ohne irgend welche Ermittelungen vorzunehmen, zurückweisen. Betreffs der Prüfung der Entmündigungsanträge wegen Verschwendung verpflichtete die alte preußische Allgemeine Gerichtsordnung (§ 14, I, 38) sehr zutreffend den Gerichtsdeputirten, darauf zu achten, daß der Antrag nicht auf bloß allgemeine, unbestimmte und unzuverlässige Gerüchte, sondern auf spezielle Thatsachen und Umstände einer unbesonnenen und verschwenderischen Wirthschaftsführung gegründet werde, und dieser Pflicht wird das Amtsgericht sich auch jetzt noch zur Vermeidung übereilter und ungerechtfertigter Maßnahmen nicht entziehen können.

Die Zurückweisung des Entmündigungsantrags erfolgt durch Beschluß, für dessen Form keine besonderen Vorschriften gegeben sind.

Der Beschluß muß, obwohl dies nicht ausdrücklich vorgeschrieben ist, dem Antragsteller von Amtswegen zugestellt werden.[89]) Gegen den Beschluß steht dem Antragsteller die sofortige Beschwerde zu.[90])

In Betreff der Beschwerdefrist u. s. w. vergl. oben § 6 S. 24. Wenn Gründe für die sofortige Zurückweisung des Entmündigungsantrags nicht vorhanden sind, so hat das Amtsgericht das Verfahren einzuleiten. Ein besonderer Einleitungsbeschluß oder die Mittheilung eines solchen an den Antragsteller ist nicht erforderlich.

2. Das Ermittelungsverfahren. Zum Zwecke der Feststellung des behaupteten Zustandes der Verschwendung oder der Trunksucht hat das Amtsgericht auch hier unter Benutzung der im Entmündigungsantrag angeführten Thatsachen und Beweismittel von Amtswegen die erforderlichen Ermittelungen zu veranstalten und die erheblich erscheinenden Beweise aufzunehmen. Zuvor ist dem zu Entmündigenden Gelegenheit zur Bezeichnung von Beweismitteln zu geben, desgleichen demjenigen gesetzlichen Vertreter des zu Entmündigenden, welchem die Sorge für die Person zusteht, sofern er nicht die Entmündigung beantragt hat.

Die Anwendung des Parteieides, sowie der Grundsätze über Anerkenntnisse, Geständnisse und Versäumnisse ist ausgeschlossen. Für die Vernehmung und Beeidigung der Zeugen und Sachverständigen kommen die Bestimmungen im siebenten und achten Titel des ersten Abschnitts des zweiten Buches der CPO. zur Anwendung. Die Anordnung der Haft im Falle des § 390 CPO. kann von Amtswegen erfolgen.[91])

Die persönliche Vernehmung des zu entmündigenden Verschwenders oder Trunksüchtigen ist im Gesetz nicht besonders vorgeschrieben. Dieselbe ist aber andererseits auch nicht verboten und es wird deßhalb der Regel nach dem angeblichen Verschwender oder Trunksüchtigen, der seiner bürgerlichen Selbstständigkeit entkleidet werden soll, Gelegenheit zu seiner Rechtfertigung gegeben werden müssen. Macht derselbe hiervon keinen Gebrauch, so wird dadurch die Entscheidung des Amtsgerichts nicht aufgehalten; andernfalls ist die Vernehmung des zu Entmündigenden auf eine Klarlegung seines Vermögenszustandes, seiner bisherigen Lebensweise, seiner Wirthschaftsführung u. s. w. zu richten, und es wird insbesondere der zu Entmündigende zu veranlassen sein, sich darüber zu erklären, ob und wie er bei seiner Lebensweise sich oder seine Familie vor der Gefahr des Nothstandes geschützt glaube.

Die Zuziehung von Sachverständigen zu der persönlichen Vernehmung des zu Entmündigenden kann, wenn es sich um Trunksucht und eine oft damit zusammenhängende geistige Erkrankung handelt, nicht für unzulässig erachtet werden.

---

[89]) Es folgt dies mit Nothwendigkeit aus der Zulassung der sofortigen Beschwerde.

[90]) Vergl. § 680 Abs. 3 in Verbindung mit § 663 CPO.

[91]) Vergl. § 680 Abs. 3 in Verbindung mit § 653 CPO.

3. Die Vertretung des zu Entmündigenden durch einen Bevollmächtigten im Sinne der §§ 76, 84 CPO. ist nicht verboten; sie muß bei der hier mehr als im Entmündigungsverfahren wegen Geisteskrankheit oder Geistesschwäche hervortretenden Parteieigenschaft des zu Entmündigenden für zulässig erklärt werden.

4. Die Oeffentlichkeit ist im amtsgerichtlichen Verfahren wegen Verschwendung oder wegen Trunksucht gesetzlich nicht ausgeschlossen; es steht jedoch nach § 173 Ger.Verf.Ges. stets in dem Ermessen des Gerichts, für die Verhandlung oder für einen Theil derselben die Oeffentlichkeit auszuschließen, wenn sie eine Gefährdung der öffentlichen Ordnung oder der Sittlichkeit besorgen läßt.

5. Provisorische Fürsorge. Sobald das Gericht die Anordnung einer Fürsorge für die Person oder das Vermögen des wegen Verschwendung oder wegen Trunksucht zu Entmündigenden für nothwendig hält, ist der Vormundschaftsbehörde zum Zwecke dieser Anordnung Mittheilung zu machen, um der letzteren Gelegenheit zur Einleitung einer vorläufigen Vormundschaft nach § 1906 BGB. zu geben, wenn sie dies zur Abwendung einer erheblichen Gefährdung der Person oder des Vermögens der betreffenden Person für erforderlich erachtet. Es sind in dieser Beziehung die oben im § 6 S. 25 betreffs der provisorischen Fürsorge für Geisteskranke und Geistesschwache gemachten Ausführungen zu beachten.[92])

§ 26.

Die Entscheidung des Amtsgerichts.

Nach Abschluß der zur Feststellung der Verschwendung oder der Trunksucht angestellten Ermittelungen hat das Amtsgericht unter freier Würdigung des gesammten Inhalts der stattgehabten Verhandlungen und des Ergebnisses einer etwaigen Beweisaufnahme nach freier Ueberzeugung darüber Entscheidung zu treffen, ob die Entmündigung der betreffenden Person wegen Verschwendung oder wegen Trunksucht eintreten soll oder nicht.

Das Gericht muß an der Hand der oben gegebenen Begriffsbestimmungen der Verschwendung oder der Trunksucht prüfen, ob in der That alle Merkmale dieser Entmündigungsgründe im Sinne des Bürgerlichen Gesetzbuches vorhanden sind.

---

[92]) Vergl. § 680 Abs. 3 in Verbindung mit § 657 CPO. Wegen der vorläufigen Vormundschaft vergl. die oben im § 6 Anm. 42 angeführten Vorschriften der §§ 1906—1908 BGB. Die §§ 52 und 61 des Gesetzes v. 17. Mai 1898 über die Angelegenheiten der freiwilligen Gerichtsbarkeit finden auch hier Anwendung. Vergl. insbesondere § 52: „Eine Verfügung, durch die ein Volljähriger unter vorläufige Vormundschaft gestellt wird, tritt, wenn ... die Entmündigung wegen Verschwendung oder wegen Trunksucht beantragt ist, mit der Bekanntmachung an den zu Entmündigenden, eine Verfügung, durch die eine vorläufige Vormundschaft aufgehoben wird, tritt mit der Bekanntmachung an den Mündel in Wirksamkeit." Vergl. auch § 115 BGB.

Ist die Entmündigung wegen Trunksucht beantragt, so wird nach der Annahme der Motive zu § 681 CPO. unter Umständen schon dies den Erfolg haben, daß der zu Entmündigende sich den zu seiner Besserung und Heilung erforderlichen Maßnahmen freiwillig unterzieht. Mit Rücksicht hierauf hat § 681 CPO. dem Amtsgericht die Befugniß gegeben, geeignetenfalls die Beschlußfassung über die Entmündigung auszusetzen, wenn Aussicht besteht, daß eine Besserung des Trunksüchtigen eintreten werde.

Im Uebrigen kann, falls eine solche Aussetzung nicht erfolgt, die in Form eines Beschlusses zu fassende Entscheidung des Amtsgerichts inhaltlich nur lauten auf:

I. Ablehnung der Entmündigung.

Dieser Beschluß ist dem Antragsteller und dem zu Entmündigenden von Amtswegen zuzustellen.[93])

Die Zustellung erfolgt nach den Vorschriften der §§ 170 ff. CPO. durch den Gerichtsschreiber.

II. Ausspruch der Entmündigung.

1. Der die Entmündigung aussprechende Beschluß ist unter Beobachtung der Vorschriften der §§ 170 ff. CPO. durch den Gerichtsschreiber dem Antragsteller und dem Entmündigten von Amtswegen zuzustellen.[94])

Die Gründe, welche im Entmündigungsverfahren wegen Geisteskrankheit die Zustellung des Entmündigungsbeschlusses an den Entmündigten selbst unthunlich erscheinen lassen, treffen bei dem Verschwender und dem Trunksüchtigen nicht zu, und deßhalb konnte diese Zustellung hier ebenso unbedenklich, wie sie bei bloßer Geistesschwäche angeordnet ist, zugelassen werden.

2. Außerdem ist dieser Beschluß der Vormundschaftsbehörde von Amtswegen mitzutheilen.[95])

Der Vormundschaftsbehörde kann nur auf diese Weise Gelegenheit gegeben werden, die nach erfolgter Entmündigung nothwendig werdende, im § 1896 BGB. vorgeschriebene Bevormundung des Verschwenders oder Trunksüchtigen anzuordnen.

3. Der die Entmündigung einer Person wegen Verschwendung oder wegen Trunksucht aussprechende Beschluß ist endlich nach der ausdrücklichen Vorschrift des § 687 CPO. von dem Amtsgericht, welches diesen Beschluß gefaßt hat, öffentlich bekannt zu machen.[96])

Die öffentliche Bekanntmachung hat von Amtswegen und ohne Rücksicht darauf zu erfolgen, ob der Entmündigungsbeschluß bereits rechtskräftig geworden ist oder noch mit der Anfechtungsklage des § 684 CPO.

---

[93]) Vergl. § 683 Abs. 1 CPO.
[94]) Vergl. § 683 Abs. 1 CPO.
[95]) Vergl. § 683 Abs. 2 CPO.
[96]) Vergl. § 687 CPO.

angefochten werden kann, bezw. bereits im Wege dieser Klage angefochten ist.

Die Art und Weise der Veröffentlichung ist in der CPO. nicht vorgeschrieben. Dieselbe wird daher zunächst nach den in dieser Beziehung etwa bestehenden landesgesetzlichen Vorschriften und, wo solche nicht bestehen, lediglich nach dem freien Ermessen des Gerichts zu bestimmen sein. Die Vorschrift des § 204 CPO. kann eine analoge Anwendung hier nicht finden, da sie nur die Art und Weise der öffentlichen Zustellung regelt.

Durch die im § 687 CPO. angeordnete öffentliche Bekanntmachung wird übrigens die in einzelnen Landesgesetzen vorgeschriebene Bekanntmachung der Entmündigung bezw. Bevormundung wegen Verschwendung oder Trunksucht durch die Vormundschaftsbehörde in keiner Weise ersetzt oder entbehrlich gemacht.

Ueber die Kosten des amtsgerichtlichen Entmündigungsverfahrens s. unten § 34.

§ 27.

Der Wirksamkeitsbeginn der Entmündigung.

Nach der Bestimmung des § 683 Abs. 2 CPO. tritt die Entmündigung eines Verschwenders oder eines Trunksüchtigen in Wirksamkeit, sobald der dieselbe aussprechende Beschluß dem Entmündigten zugestellt worden ist. Mit diesem Zeitpunkt der Zustellung ist die betreffende Person entmündigt, ohne daß es darauf ankommt, ob der Entmündigungsbeschluß noch der Anfechtung unterliegt oder nicht.

Welche Bedeutung und Folgen die Entmündigung hat, bestimmt sich lediglich nach den Vorschriften des Bürgerlichen Gesetzbuchs. Auch hier ist nicht der Ort, die hiernach eintretenden einzelnen rechtlichen Wirkungen der Entmündigung wegen Verschwendung oder wegen Trunksucht zu erörtern. Es möge genügen, hier darauf hinzuweisen, daß die wegen Verschwendung oder wegen Trunksucht entmündigten Personen nach § 114 BGB. in Ansehung ihrer Geschäftsfähigkeit den Minderjährigen, welche das siebente Lebensjahr vollendet haben, gleichgestellt werden. Wie die letzteren sind also die wegen Verschwendung oder wegen Trunksucht Entmündigten nach Maßgabe der §§ 107 bis 113 BGB. in ihrer Geschäftsfähigkeit beschränkt. Willenserklärungen, durch die sie lediglich einen rechtlichen Vortheil erlangen, können sie selbstständig abgeben; zu anderen Willenserklärungen bedürfen sie der Einwilligung ihrer gesetzlichen Vertreter. Willenserklärungen, welche ihnen gegenüber abgegeben werden, werden ohne Weiteres nur wirksam, wenn sie ihnen lediglich einen rechtlichen Vortheil bringen, anderenfalls bedarf es, damit sie wirksam werden, der Einwilligung des gesetzlichen Vertreters (§ 131 BGB.).*)

Auf Grund der Entmündigung erhalten sowohl der Verschwender als der Trunksüchtige einen Vormund (§ 1896 BGB.); auf diese Vormundschaft finden die für die Vormundschaft über einen Minderjährigen geltenden Vorschriften des Bürgerlichen Gesetzbuchs (§§ 1773 bis 1895 Anwendung, soweit sich nicht aus den §§ 1898 bis 1908 ein Anderes ergiebt.**)

§ 28.

Die Anfechtung der über die Entmündigung erlassenen Beschlüsse.

I. Die Anfechtung des die Entmündigung ablehnenden Beschlusses.

Der Beschluß des Amtsgerichts, durch welchen die Entmündigung einer Person wegen Verschwendung oder wegen Trunksucht abgelehnt wird, kann nur mit der sofortigen Beschwerde angefochten werden.

Diese Beschwerde steht nur dem Antragsteller zu;[97]) sie ist binnen einer Nothfrist von zwei Wochen, welche mit der Zustellung des Beschlusses beginnt, einzulegen. Im Uebrigen vergl. oben § 13 S. 55.

Wenn das Beschwerdegericht die Beschwerde für begründet erachtet und die alsdann erforderlich erscheinenden neuen Anordnungen selbst treffen will, so finden auf das weitere Verfahren die Vorschriften des § 653 CPO. entsprechende Anwendung.

Das Beschwerdegericht hat demgemäß ebenfalls von Amtswegen unter Benutzung der in dem Entmündigungsantrage oder in der Beschwerde angegebenen Thatsachen und Beweismittel die zur Feststellung der Verschwendung erforderlichen Ermittelungen zu veranstalten und die erheblich erscheinenden Beweise aufzunehmen. Falls das Beschwerdegericht die Entmündigung ausspricht, ist dieser Entmündigungsbeschluß durch das Amtsgericht öffentlich bekannt zu machen.[98]) Ueber die Art und Weise der öffentlichen Bekanntmachung vergl. oben § 26 S. 108 und in Betreff der Kosten der Beschwerdeinstanz s. oben § 22 S. 89.

---

*) Weitere Folgen der Entmündigung wegen Verschwendung oder wegen Trunksucht s. BGB. §§ 8, 1304, 1418 Nr. 3, 1468 Nr. 4, 1495 Nr. 4, 1676, 1780, 1865, 1885, 2201, 2229, 2253.

**) Vergl. übrigens Art. 156 Einf.Ges. zum BGB.: „Wer zur Zeit des Inkrafttretens des Bürgerlichen Gesetzbuchs wegen Verschwendung entmündigt ist, steht von dieser Zeit an einem nach den Vorschriften des Bürgerlichen Gesetzbuchs wegen Verschwendung Entmündigten gleich.

Dasselbe gilt von demjenigen, für welchen nach den französischen oder den badischen Gesetzen wegen Verschwendung die Bestellung eines Beistandes angeordnet ist."

[97]) Vergl. § 663 in Verbindung mit § 680 Abs. 3 CPO.

[98]) Vergl. § 687 CPO.

II. Die Anfechtung des die Entmündigung aussprechenden Beschlusses — Anfechtungsklage.

Der die Entmündigung einer Person wegen Verschwendung oder wegen Trunksucht aussprechende Beschluß kann nur im Wege der Klage angefochten werden.[99])

Eine sofortige Beschwerde ist gegen den Entmündigungsbeschluß nicht zulässig.

Diese sogen. Anfechtungsklage ist auch im Entmündigungsverfahren gegen Verschwender und Trunksüchtige von der im § 686 CPO. gegebenen sogen. Wiederaufhebungsklage streng zu scheiden. Die Anfechtungsklage greift den Entmündigungsbeschluß als von vornherein unbegründet an, während mit der Wiederaufhebungsklage die Aufhebung des an sich begründeten Beschlusses erstrebt wird, weil die Gründe der Entmündigung inzwischen weggefallen sind.

I. Die Gerichtszuständigkeit.

Für die Anfechtungsklage ist dasjenige Landgericht ausschließlich zuständig, in dessen Bezirke das Amtsgericht, welches über die Entmündigung entschieden hat, seinen Sitz hat.[100])

II. Die Klageberechtigung.

Das Recht zur Erhebung der Anfechtungsklage steht nach § 684 Abs. 1 CPO. nur dem Entmündigten selbst zu. Der gesetzliche Vertreter des Entmündigten, welchem die Sorge für die Person zusteht, oder der Vormund des Entmündigten, wenn ein solcher etwa bereits in Folge der Mittheilung nach § 683 Abs. 2 CPO. vom Vormundschaftsgericht nicht bestellt ist, hat kein Klagerecht und kann auch seinerseits die Klageerhebung nicht verhindern. Dem entmündigten Verschwender oder Trunksüchtigen soll unbedingt das Recht zugestanden werden, auch ohne und selbst gegen den Willen seines gesetzlichen Vertreters oder seines Vormunds die Anfechtungsklage zu erheben.

Daß auch hier für den Entmündigten der Anwaltszwang gilt (§ 78 CPO.), versteht sich von selbst. Findet der Entmündigte keinen zu seiner Vertretung geeigneten Rechtsanwalt, und erscheint die Anfechtungsklage nicht muthwillig oder aussichtslos, so kann ihm auf seinen Antrag ein Rechtsanwalt beigeordnet werden, wie sich dies aus § 33 der Rechtsanwaltsordnung vom 1. Juli 1878 von selbst ergiebt.[1]) Der § 668 CPO., nach dessen Bestimmung dem wegen Geisteskrankheit oder wegen Geistesschwäche Entmündigten auf seinen Antrag von dem Vorsitzenden des Prozeßgerichts ein Rechtsanwalt als Vertreter beigeordnet werden

---

[99]) Vergl. § 684 CPO.

[100]) Vergl. § 665 in Verbindung mit § 684 Abs. 4 CPO.

[1]) Vergl. oben § 14 S. 59. Wegen des Kostenvorschusses s. Rechtsanwaltsordnung § 38 und Gebührenordnung für Rechtsanw. § 84. — Daß auch dem armen Entmündigten auf Antrag ein Rechtsanwalt beigeordnet werden kann, ergiebt sich aus § 115 Nr. 3 CPO. und § 34 Rechtsanw.Ordg.

muß, findet auf die Erhebung der Anfechtungsklage durch einen wegen Verschwendung oder wegen Trunksucht Entmündigten keine Anwendung.

Wegen der Fortsetzung der Anfechtungsklage durch die Erben und der Unzulässigkeit der selbstständigen Klageerhebung durch die letzteren nach dem Tode des Entmündigten vergl. oben § 14 S. 60.

Der Staatsanwalt hat kein Klagerecht, da seine aktive Mitwirkung durch § 680 Abs. 4 CPO. im Entmündigungsverfahren wegen Verschwendung oder wegen Trunksucht ganz allgemein ausgeschlossen ist.

III. Die Klagefrist.

Die Anfechtungsklage muß binnen der Frist eines Monats erhoben werden. [2])

Diese Frist beginnt mit der Zustellung des Beschlusses an den Entmündigten. [3])

Ueber die Berechnung der Frist vergl. oben § 14 S. 62. Eine Verlängerung der Frist durch Vereinbarung der Parteien oder von Amtswegen ist unzulässig; gegen den Ablauf der Frist findet eine Wiedereinsetzung in den vorigen Stand nicht statt. [4])

IV. Das Prozeßverfahren bis zum Urtheil.

Auf das Verfahren im Anfechtungsprozeß finden zunächst die allgemeinen Vorschriften der §§ 253 ff. CPO. über das Verfahren vor den Landgerichten überhaupt und alsdann die besonderen Bestimmungen der §§ 665, 667, 669, 670, 672—674 CPO. entsprechende Anwendung. [5])

Danach ist das Verfahren im Wesentlichen gleichartig mit dem Anfechtungsverfahren bei der Entmündigung wegen Geisteskrankheit oder wegen Geistesschwäche geordnet. Aus der Natur des Entmündigungsverfahrens wegen Verschwendung oder wegen Trunksucht und aus der Ausschließung der staatsanwaltschaftlichen Mitwirkung insbesondere ergeben sich jedoch verschiedentliche Abweichungen, welche im Folgenden besonders hervorgehoben werden sollen:

1. Die Klage ist zu richten: [6])
   a) gegen den Antragsteller („denjenigen, welcher die Entmündigung beantragt hatte"), falls derselbe sich im Deutschen Reiche aufhält und sein Aufenthalt bekannt ist,
   b) gegen den Staatsanwalt, falls der Antragsteller verstorben oder sein Aufenthalt unbekannt oder im Auslande d. h. außerhalb des zum Deutschen Reiche gehörigen Gebietes ist.

Der Regel nach wird also der Antragsteller der Beklagte sein. Nur für diejenigen Fälle, in welchen dieser verstorben oder sein Aufenthalt unbekannt oder im Auslande ist, und dadurch dem Entmündigten bei Erhebung der Klage besondere Schwierigkeiten erwachsen würden, ist in Er-

---

[2]) Vergl. § 684 Abs. 1 CPO.
[3]) Vergl. § 684 Abs. 2 CPO.
[4]) Vergl. oben § 14 S. 62.
[5]) Vergl. § 684 Abs. 4 CPO.
[6]) Vergl. § 684 Abs. 3 CPO.

mangelung eines anderen Beklagten der Staatsanwalt als solcher bestellt, obwohl derselbe sonst grundsätzlich bei dem Entmündigungsverfahren gegen Verschwender und Trunksüchtige nicht betheiligt ist.

Daß für den Staatsanwalt, wenn er hier als Beklagter auftritt, ein Anwaltszwang nicht besteht, braucht kaum besonders hervorgehoben zu werden.

2. In Betreff der Erhebung der Klage vergl. oben § 14 S. 63 Es soll hier nur hervorgehoben werden, daß die Bestimmung des § 666 Abs. 3 CPO. hier keine Anwendung finden kann, da die Anfechtungsklage direkt gegen den Antragsteller gerichtet wird, oder aber, wenn sie gegen den Staatsanwalt gerichtet werden muß, der Antragsteller nicht mehr am Leben oder sein Aufenthalt unbekannt oder im Auslande ist.

3. In Betreff der Unzulässigkeit der Widerklage und des Parteieides, der Anwendbarkeit der §§ 617 und 618 CPO. und des Vortrags bei der mündlichen Verhandlung (§§ 667, 669 und 670 CPO.) vergl. oben § 14.

4. Die Bestimmungen der §§ 654, 655 CPO. finden naturgemäß in dem Verfahren auf die Anfechtungsklage bei der Entmündigung wegen Verschwendung oder wegen Trunksucht keine Anwendung.

5. Die Oeffentlichkeit ist gesetzlich nicht ausgeschlossen; es steht jedoch auch hier nach § 173 Ger.Verf.Ges. stets in dem Ermessen des Gerichts, für die Verhandlung oder für einen Theil derselben die Oeffentlichkeit auszuschließen, falls sie eine Gefährdung der öffentlichen Ordnung oder der Sittlichkeit besorgen läßt.

V. Das Urtheil und die gegen dasselbe zulässigen Rechtsmittel.

1. Das Urtheil des Landgerichts im Wiederaufhebungsprozeß kann lauten auf:

a) Abweisung der Anfechtungsklage
oder auf:

b) Aufhebung des die Entmündigung aussprechenden Beschlusses.

Ueber den Inhalt des Urtheils vergl. oben § 14 S. 67 und in Betreff der Kosten des Anfechtungsprozesses s. unten § 34.

Die Verkündung und Zustellung des Urtheils erfolgt nach den allgemeinen Grundsätzen.

2. Die Rechtsmittel. Gegen das Urtheil des Landgerichts sind die regelmäßigen Rechtsmittel der Berufung und der Revision zulässig. Vergl. hierüber oben § 14 S. 69.

VI. Die Mittheilung und öffentliche Bekanntmachung des Urtheils.

Von jedem in der Sache erlassenen Endurtheil, mag dasselbe auf Abweisung der Anfechtungsklage oder auf Aufhebung der Entmündigung lauten, muß das Prozeßgericht der Vormundschaftsbehörde und dem

Amtsgericht, welches die Entmündigung ausgesprochen hat, Mittheilung machen. [7])

Auf Grund der ihm gewordenen Mittheilung hat alsdann das Amtsgericht das Urtheil, durch welches die Entmündigung aufgehoben wird, öffentlich bekannt zu machen, da unter der „Wiederaufhebung" im § 687 CPO. unbedenklich auch die im Anfechtungsprozeß ausgesprochene Aufhebung der Entmündigung zu verstehen ist. Die Veröffentlichung erfolgt erst, wenn das die Aufhebung aussprechende Urtheil rechtskräftig geworden ist; über die Art und Weise der Veröffentlichung vergl. oben § 26 S. 109. Das Prozeßgericht hat sich mit der Veröffentlichung nicht zu befassen; die landesgesetzlich etwa angeordnete Bekanntmachung durch die Vormundschaftsbehörde wird durch die Veröffentlichung des Amtsgerichts nicht entbehrlich gemacht.

§ 29.

Die Wirksamkeit des die Entmündigung aufhebenden Urtheils.

Nach der ausdrücklichen Vorschrift des § 672 CPO., welche nach § 684 Abs. 4 CPO. auch in dem Entmündigungsverfahren wegen Verschwendung oder wegen Trunksucht Anwendung finden soll, tritt die durch das Urtheil des Landgerichts ausgesprochene Aufhebung der Entmündigung erst mit der Rechtskraft dieses Urtheils in Wirksamkeit.

Das Urtheil des Landgerichts kann also nicht für vorläufig vollstreckbar erklärt werden; zum Ersatz dafür ist es jedoch auch hier gestattet, daß auf Antrag zum Schutze der Person oder des Vermögens des Entmündigten einstweilige Verfügungen nach Maßgabe der §§ 936 bis 944 CPO. getroffen werden können. Die Befugniß der Vormundschaftsbehörde, dergleichen Anordnungen nach erlangter Kenntniß von der Aufhebung der Entmündigung (§ 674 CPO.) selbstständig zu treffen, wird hierdurch nicht berührt.

Im Uebrigen sind für die materiell-rechtlichen Folgen der Aufhebung einer wegen Verschwendung oder wegen Trunksucht ausgesprochenen Entmündigung lediglich die im § 115 Abs. 1 BGB. aufgestellten Grundsätze maßgebend. Die Aufhebung hat also zur Folge, daß die Wirksamkeit der von oder gegenüber dem Entmündigten vorgenommenen Rechtsgeschäfte nicht auf Grund des Beschlusses, welcher die Entmündigung ausgesprochen hatte, in Frage gestellt werden kann. Auf die Wirksamkeit der von oder gegenüber dem gesetzlichen Vertreter vorgenommenen Rechtsgeschäfte hat die Aufhebung der Entmündigung keinen Einfluß.

Welche Anordnungen sonst in Folge der Aufhebung der Entmündigung von der Vormundschaftsbehörde zu treffen sind und ob insbesondere nunmehr die Vormundschaft aufzuheben ist, bestimmt sich lediglich nach den Vorschriften des Bürgerlichen Gesetzbuchs.

---

[7]) Vergl. § 674 in Verbindung mit § 687 CPO.

Zweiter Abschnitt.

Das Wiederaufhebungsverfahren.

§ 30.

Das Wiederaufhebungsverfahren im Allgemeinen.

Die Entmündigung einer Person wegen Verschwendung bezw. der durch dieselbe geschaffene Zustand ist nur so lange begründet und darf nur so lange andauern, als die Gründe, welche die Entmündigung erforderlich machten, noch vorhanden sind. Die letztere muß aufgehoben werden, wenn der Verschwender von seiner bisherigen leichtsinnigen Lebensweise abgelassen, entschiedene Zeichen der Besserung an den Tag gelegt und dadurch die Annahme begründet hat, daß er sein Vermögen fortan verständig und ohne sich oder seine Familie der Gefahr eines Nothstandes auszusetzen, verwalten werde. Dasselbe gilt, wenn der Trunksüchtige dauernd seinen krankhaften Drang nach geistigen Getränken mit Erfolg bekämpft und damit der Aussicht Raum gegeben hat, daß er nunmehr wieder seine Angelegenheiten vernünftig besorgen, sich oder seine Familie nicht mehr der Gefahr des Notstandes aussetzen oder die Sicherheit Anderer nicht mehr gefährden werde. „Die Entmündigung ist wieder aufzuheben, wenn der Grund der Entmündigung wegfällt" (§ 6 Abs. 2 BGB.). Nach Analogie des bei der Entmündigung von Geisteskranken und Geistesschwachen geregelten Wiederaufhebungsverfahrens hat deßhalb die Civilprozeßordnung auch für die Wiederaufhebung der Entmündigung wegen Verschwendung oder wegen Trunksucht gemeinsame Bestimmungen getroffen. Es ist zunächst auch hier ein amtsgerichtliches Offizialverfahren vorgeschrieben, in welchem die erforderlichen Ermittelungen zum Erweise der behaupteten Besserung des Verschwenders oder Trunksüchtigen angestellt werden und alsdann über die beantragte Wiederaufhebung der Entmündigung durch Beschluß entschieden wird. Der Beschluß, durch welchen die Wiederaufhebung der Entmündigung ausgesprochen wird, kann nicht angefochten werden; gegen den die Wiederaufhebung ablehnenden Beschluß ist eine sog. Wiederaufhebungsklage zugelassen, welche im Wesentlichen der Anfechtungsklage nachgebildet ist, von derselben sich aber dadurch unterscheidet, daß sie, wie bereits oben angedeutet wurde, nicht etwa den Entmündigungsbeschluß als von vornherein zu Unrecht erlassen angreift, sondern nur den Wegfall der Entmündigung nach eingetretener erwiesener Besserung des Verschwenders bezw. des Trunksüchtigen erstrebt.

§ 31.

Die Gerichtszuständigkeit. Die Antragsberechtigung. Der Antrag. Das amtsgerichtliche Ermittelungsverfahren.

I. Die Gerichtszuständigkeit.

Für die Wiederaufhebung der Entmündigung ist dasjenige Amtsgericht ausschließlich zuständig, bei welchem der Entmündigte zur Zeit der Stellung des Wiederaufhebungsantrags seinen allgemeinen Gerichtsstand [8]) hat.

Ist der Entmündigte ein Deutscher und hat er im Inlande keinen allgemeinen Gerichtsstand, so kann der Antrag bei dem Amtsgerichte gestellt werden, welches über die Entmündigung entschieden hat. Das Gleiche gilt, wenn ein Ausländer, welcher im Inlande entmündigt worden ist, im Inlande keinen allgemeinen Gerichtsstand hat. [9])

II. Die Antragsberechtigung.

Die Wiederaufhebung der Entmündigung eines Verschwenders kann nach der Bestimmung des § 685 CPO. nur beantragt werden von:

1. dem Entmündigten selbst,

2. demjenigen gesetzlichen Vertreter des Entmündigten, welchem die Sorge für die Person zusteht.

Der Staatsanwalt oder die im § 646 Abs. 1 CPO. zur Stellung des Entmündigungsantrags für befugt erklärten Personen sind von der Antragsberechtigung ausgeschlossen. Der Entmündigte selbst kann den Wiederaufhebungsantrag ohne und sicherlich auch gegen den Willen seines gesetzlichen Vertreters stellen.

III. Der Antrag.

1. Form. Die Form des Antrags ist dieselbe wie diejenige des Entmündigungsantrags (§ 647 CPO.). Anwaltszwang besteht nicht; der Antrag kann auch hier durch einen Bevollmächtigten gestellt werden.

2. Inhalt. Der Wiederaufhebungsantrag soll wie der Entmündigungsantrag eine Angabe der ihn begründenden Thatsachen und die Bezeichnung der Beweismittel enthalten. [10]) Welche Thatsachen zur Begrün-

---

[8]) In Betreff des allgemeinen Gerichtsstandes vergl. oben § 3 S. 11 ff.
[9]) Vergl. § 676 in Verbindung mit § 685 CPO.
[10]) Vergl. § 647 CPO. in Verbindung mit § 685 CPO.

dung des Wiederaufhebungsantrags erforderlich sind, wird sich wesentlich nach den oben S. 102 aufgestellten Begriffsbestimmungen des Verschwenders und des Trunksüchtigen bestimmen. In der Wahl und Bezeichnung der Beweismittel ist dem Antragsteller vollkommen freie Hand gelassen.

3. Zeit. Die Stellung des Wiederaufhebungsantrages ist an eine Frist nicht gebunden.

Nach dem Tode des Entmündigten kann ein Antrag auf Wiederaufhebung der Entmündigung von dem gewesenen gesetzlichen Vertreter nicht mehr gestellt werden.

IV. Das amtsgerichtliche Ermittelungsverfahren.

1. Prüfung des Wiederaufhebungsantrags und Einleitung des Verfahrens. In dieser Beziehung finden die oben in § 6 erörterten Grundsätze entsprechende Anwendung. Es ist nur zu beachten, daß eine Mitwirkung des Staatsanwalts nicht stattfindet. Eine Beschwerde gegen den ablehnenden Beschluß findet auch hier nicht statt.

2. Das Ermittelungsverfahren. Das amtsgerichtliche Wiederaufhebungsverfahren bezweckt lediglich die Feststellung der behaupteten Besserung des Verschwenders oder des Trunksüchtigen. Zum Zweck dieser Feststellung hat das Gericht in entsprechender Anwendung des § 653 Abs. 1 CPO. unter Benutzung der in dem Wiederanfechtungsvertrag angeführten Thatsachen und Beweismittel von Amtswegen die erforderlichen Ermittelungen zu veranstalten und die geeignet erscheinenden Beweismittel aufzunehmen, ohne jedoch an die Beweisanträge des Antragstellers irgendwie gebunden zu sein. Insbesondere wird auch dem Entmündigten selbst Gelegenheit gegeben werden müssen, seine Besserung durch persönliche Erörterungen dem Gericht überzeugend darzuthun.

Für das amtsgerichtliche Wiederaufhebungsverfahren ist die Oeffentlichkeit nicht ausgeschlossen, unter Umständen kann jedoch auch hier die Bestimmung des § 173 Ger.Ver.Ges. Anwendung finden.

§ 32.

Die Entscheidung des Amtsgerichts und deren Anfechtung.

I. Die Entscheidung des Amtsgerichts.

Nach Abschluß der zur Feststellung der behaupteten Besserung des Verschwenders oder Trunksüchtigen angestellten Ermittelungen hat das Amtsgericht eine Entscheidung darüber zu treffen, ob die Entmündigung fortbestehen oder wieder aufgehoben werden soll.

Die Entscheidung erfolgt durch Beschluß; sie kann inhaltlich lauten auf:

A. Aufhebung der Entmündigung.

Der dahin lautende Beschluß ist von Amtswegen zuzustellen:

1. dem Antragsteller,

2. dem Entmündigten, falls dieser nicht etwa selbst den Wiederaufhebungsantrag gestellt hat.[11])

Die Zustellung erfolgt nach den Vorschriften der §§ 170 ff. CPO. durch den Gerichtsschreiber.

Außerdem ist der Wiederaufhebungsbeschluß

1. der Vormundschaftsbehörde mitzutheilen[12]) und

2. öffentlich bekannt zu machen.[13])

Für die Mittheilung an die Vormundschaftsbehörde genügt jede Kundmachung in angemessener Form (Aktenmittheilung, Uebersendung einer Abschrift u. s. w.); in Betreff der Art und Weise der öffentlichen Bekanntmachung sind die oben im § 26 S. 109 gemachten Bemerkungen zu vergleichen.

Eine landesgesetzlich angeordnete Bekanntmachung der Wiederaufhebung der Entmündigung bezw. Bevormundung durch die Vormundschaftsbehörde wird auch hier durch die im § 687 CPO. angeordnete öffentliche Bekanntmachung nicht ersetzt oder entbehrlich gemacht.

B. Ablehnung des Wiederaufhebungsantrags.

Der dahin lautende Beschluß ist von Amtswegen unter Beobachtung der Vorschriften der §§ 170 ff. CPO. dem Antragsteller zuzustellen.[14])

Wenn der Entmündigte selbst der Antragsteller ist, so wird er seinerseits, falls er sich bei der Ablehnung seines Antrags nicht beruhigen will, seinem gesetzlichen Vertreter von der erfolgten Ablehnung behufs eventueller Erhebung der Wiederaufhebungsklage (§ 686 Abs. 2 CPO.) Kenntniß geben müssen. Eine besondere Zustellung des die Wiederaufhebung ablehnenden Beschlusses an den gesetzlichen Vertreter des Entmündigten ist für diesen Fall nicht vorgeschrieben.

Ueber die Kosten des amtsgerichtlichen Wiederaufhebungsverfahrens vergl. unten § 34.

II. Die Anfechtung der über die Wiederaufhebung erlassenen Beschlüsse.

1. Die Unanfechtbarkeit des Wiederaufhebungsbeschlusses.

Eine Anfechtung des Beschlusses, durch welchen die Entmündigung wegen Verschwendung oder wegen Trunksucht aufgehoben wird, findet nicht statt. Im Absatz 2 des früheren § 625 CPO. war dies ausdrücklich ausgesprochen; die Unanfechtbarkeit ergiebt sich jetzt daraus, daß im § 685 CPO. die entsprechende Anwendung des § 678 Abs. 2 CPO. nicht für zulässig erklärt hat.

---

[11]) Vergl. § 678 in Verbindung mit § 685 CPO.

[12]) Vergl. § 678 Abs. 3 CPO.: „Die rechtskräftig erfolgte Wiederaufhebung ist der Vormundschaftsbehörde mitzutheilen." Der Wiederaufhebungsbeschluß des Amtsgerichts ist sofort rechtskräftig, da eine Anfechtung desselben nicht stattfindet.

[13]) Vergl. § 687 CPO.

[14]) Vergl. § 678 Abs. 1 in Verbindung mit § 685 CPO.

Durch die Unanfechtbarkeit des die Entmündigung aufhebenden Beschlusses wird jedoch selbstverständlich nicht ausgeschlossen, daß zu jeder Zeit von den im § 646 Abs. 1 bezw. § 680 Abs. 3 CPO. als antragsberechtigt erklärten Personen ein erneuter Antrag auf Entmündigung gestellt werden kann, sobald die Person, deren Entmündigung aufgehoben ist, von Neuem ihren Hang zur Vergeudung in gefahrdrohender Weise bethätigt oder von Neuem in Trunksucht verfällt.

2. Die Anfechtung des den Antrag auf Wiederaufhebung ablehnenden Beschlusses. — Wiederaufhebungsklage.

Der Beschluß, durch welchen der Antrag auf Wiederaufhebung der Entmündigung wegen Verschwendung oder wegen Trunksucht abgelehnt ist, kann nur im Wege der Klage angefochten werden (Wiederaufhebungsklage).

Eine Beschwerde gegen den vorbezeichneten Beschluß findet nicht statt.

Für das Verfahren bei der Wiederaufhebungsklage gelten folgende Regeln:

1. Die Gerichtszuständigkeit.

Für die Wiederaufhebungsklage ist dasjenige Landgericht ausschließlich zuständig, in dessen Bezirke das Amtsgericht, welches die Wiederaufhebung der Entmündigung abgelehnt hat, seinen Sitz hat.[15])

2. Die Klageberechtigung.

Das Recht zur Erhebung der Wiederaufhebungsklage steht nach § 686 Abs. 2 CPO. grundsätzlich und zunächst nur demjenigen gesetzlichen Vertreter des Entmündigten zu, welchem die Sorge für die Person zusteht.

Nur für den Fall, daß der gesetzliche Vertreter die Wiederaufhebungsklage nicht erheben *will*, ist auch der Entmündigte selbst zur Klageerhebung befugt. Wenn der gesetzliche Vertreter wegen Abwesenheit, Krankheit oder dergl. die Klage nicht erheben *kann*, so hat der Entmündigte nicht ohne Weiteres das Recht der Klageerhebung; es wird ihm in solchem Fall vielmehr zunächst ein anderer Vertreter bestellt und abgewartet werden müssen, ob dieser die Wiederaufhebungsklage erheben will oder nicht. Hat aber der Entmündigte ein selbstständiges Klagerecht durch die Weigerung seines Vertreters erworben, so *kann* der Vorsitzende des Prozeßgerichts ihm einen Rechtsanwalt als Vertreter beiordnen. Ein *Recht* des Entmündigten, einen solchen Vertreter zu erhalten, ist hier, abweichend von § 668 CPO., nicht begründet, so daß die Bewilligung eines dahin lautenden Gesuches des Entmündigten lediglich in das Ermessen des Vorsitzenden des Prozeßgerichts gestellt ist.[16])

3. Eine bestimmte *Klagefrist* ist nicht vorgeschrieben. Vergl. oben § 20 S. 84.

4. Das Prozeßverfahren bis zum Urtheil.

Auf das Prozeßverfahren selbst sollen nach § 686 Abs. 4 CPO. die Vorschriften der §§ 665, 667, 669, 670, 672—674 CPO. entsprechende Anwendung finden.

---

[15]) Vergl. § 665 in Verbindung mit § 686 Abs. 4 CPO.
[16]) Vergl. § 686 Abs. 2 CPO.

Das Prozeßverfahren ist also im Wesentlichen dasselbe wie im Anfechtungsprozeß. (S. oben S. 112.) Nur folgende Punkte sind hervorzuheben:

1. Die Klage — des gesetzlichen Vertreters und des Entmündigten selbst — ist zu richten:

A. gegen den Antragsteller („denjenigen, welcher die Entmündigung beantragt hatte"), falls derselbe sich im Inlande aufhält und sein Aufenthalt bekannt ist,

B. gegen den Staatsanwalt, falls der Antragsteller verstorben, oder sein Aufenthalt unbekannt oder im Auslande ist.

2. Die Oeffentlichkeit ist gesetzlich nicht ausgeschlossen, der Anwendung des § 173 Ger.Verf.Ges. steht jedoch nichts entgegen.

3. Das Urtheil und die gegen dasselbe zulässigen Rechtsmittel. Mittheilung und öffentliche Bekanntmachung des Urtheils.

1. Das Urtheil. Das Urtheil des Landgerichts im Wiederaufhebungsprozeß kann lauten auf:

a) Abweisung der Wiederaufhebungsklage

oder auf:

b) Wiederaufhebung der Entmündigung.

Ueber den Inhalt des Urtheils vergl. oben § 14 S. 68 und in Betreff der Kosten des Wiederaufhebungsprozesses unten § 34.

Die Verkündung und Zustellung des Urtheils erfolgt nach den allgemeinen Grundsätzen.

2. Die Rechtsmittel. Gegen das Urtheil finden die gesetzlichen Rechtsmittel der Berufung und der Revision statt. Vergl. hierüber oben § 14 S. 69.

3. Die Mittheilung des Urtheils an die Vormundschaftsbehörde und an das Amtsgericht. Von jedem in der Sache erlassenen Endurtheil, mag dasselbe auf Abweisung der Wiederaufhebungsklage oder auf Wiederaufhebung der Entmündigung lauten, hat das Prozeßgericht der Vormundschaftsbehörde und dem Amtsgericht, welches den Entmündigungsbeschluß erlassen hat, Mittheilung zu machen.[17])

4. Die öffentliche Bekanntmachung des Urtheils.

Die Wiederaufhebung der Entmündigung wegen Verschwendung oder wegen Trunksucht ist von dem Amtsgericht öffentlich bekannt zu machen.[18]) Das Prozeßgericht hat sich mit dieser Veröffentlichung nicht zu befassen; das Amtsgericht wird dieselbe andererseits erst anordnen können, wenn die Wiederaufhebung rechtskräftig ausgesprochen ist. Ueber die Art und Weise der öffentlichen Bekanntmachung vergl. oben § 26 S. 109.

---

[17]) Vergl. § 674 in Verbindung mit § 686 Abs. 4 CPO. Prozeßgericht ist nicht nur das Gericht erster Instanz, sondern auch das Berufungs- und das Revisionsgericht.

[18]) Vergl. § 687 CPO.

Die Bekanntmachung durch die Vormundschaftsbehörde wird durch die Bekanntmachung des Amtsgerichts nicht ausgeschlossen und, wo sie vorgeschrieben ist, nicht entbehrlich gemacht.

§ 33.

Die Wirksamkeit des Wiederaufhebungsbeschlusses bezw. des rechtskräftigen Wiederaufhebungsurtheils.

Da eine Anfechtung des amtsgerichtlichen Beschlusses, durch welchen die Entmündigung wegen Verschwendung oder wegen Trunksucht wieder aufgehoben wird, nicht stattfindet (vergl. oben S. 118), so muß unzweifelhaft die Wirksamkeit dieses Beschlusses sofort mit dem Erlasse desselben eintreten. Ueber den Wirksamkeitsbeginn der im Wiederaufhebungsverfahren erfolgenden Aufhebung der Entmündigung enthielt die Civilprozeßordnung in ihrer früheren Fassung keine Bestimmung. Nach § 686 Abs. 4 der neuen Fassung soll auf das Wiederaufhebungsverfahren jetzt auch § 672 CPO. entsprechende Anwendung finden. Es steht also jetzt außer Zweifel, daß die im Wiederaufhebungsverfahren erfolgte Aufhebung der Entmündigung erst mit der Rechtskraft des Urtheils in Wirksamkeit tritt.

Das die Wiederaufhebung aussprechende Urtheil kann demnach auch nicht für vorläufig vollstreckbar erklärt werden. Auf Antrag können jedoch zum Schutze der Person oder des Vermögens des endmündigten Verschwenders oder Trunksüchtigen einstweilige Verfügungen nach Maßgabe der §§ 936—944 getroffen werden. Im Uebrigen kann der Wiederaufhebung der Entmündigung eine rückwirkende Kraft in Bezug auf die während des Entmündigungszustandes vorgenommenen Handlungen des Verschwenders oder Trunksüchtigen niemals beigelegt werden, wie denn auch selbstverständlich die Wiederaufhebung der Entmündigung auf die Gültigkeit der bisherigen Handlungen des gesetzlichen Vertreters des Entmündigten keinen Einfluß hat. Der § 115 BGB. findet auch hier Anwendung. Was sonst Seitens der Vormundschaftsbehörde nach rechtskräftiger Aufhebung der Entmündigung zu veranlassen ist, bestimmt sich lediglich nach den Vorschriften des Bürgerlichen Gesetzbuchs.

§ 34.

Die Kosten der Entmündigung wegen Verschwendung oder wegen Trunksucht.

A.

Die Kosten des amtsgerichtlichen Entmündigungsverfahrens.

I. Pflicht zur Kostentragung.

Die Kosten des amtsgerichtlichen Entmündigungsverfahrens wegen Verschwendung oder wegen Trunksucht sind zur Last zu legen:[19])

[19]) Vergl. § 682 CPO.

1. wenn die Entmündigung ausgesprochen wird:
   dem Entmündigten,
2. wenn die Entmündigung abgelehnt wird:
   dem Antragsteller.

Bei der Berathung der Civilprozeßordnung war angeregt, im Falle der Ablehnung der Entmündigung auch hier, analog dem § 658 CPO. die Kosten des Verfahrens der Regel nach der Staatskasse aufzuerlegen und dem Gericht nur die Befugniß zu geben, sie im geeigneten Fall eines Verschuldens oder dergl. dem Antragsteller zur Last zu legen. In der Justizkommission entschied man sich jedoch bei Berathung dieses Vorschlags für die jetzige Bestimmung des § 682 CPO., nachdem man in Erwägung gezogen hatte, daß hier, wo es sich wesentlich um Privatinteressen handle, und das öffentliche Interesse mehr in den Hintergrund trete, kein Grund für die Verpflichtung der Staatskasse zur Kostentragung vorhanden sei.

II. Höhe der Gebühren.

Die Höhe der Gebühren ist im § 34 Nr. 1 des Gerichtskostengesetzes vom 18. Juni 1878 in gleicher Weise wie für das Entmündigungsverfahren wegen Geisteskrankheit oder wegen Geistesschwäche geregelt. Es kann deßhalb hier lediglich auf die oben im § 22 unter A, II, S. 88 aufgestellte Berechnung verwiesen werden.

B.

Die Kosten der sofortigen Beschwerde (§ 680 Abs. 3 in Verbindung mit § 663 CPO.).

In Betreff der Pflicht zur Kostentragung sowohl, wie hinsichtlich der Höhe der Gebühren finden lediglich die oben im § 22 unter B, I und II, S. 89 und 90 angegebenen Grundsätze und Berechnungen entsprechende Anwendung.

C.

Die Kosten des Anfechtungsprozesses (§ 684 CPO.).

In Betreff der Pflicht zur Kostentragung sowohl wie hinsichtlich der Höhe der Gebühren finden auch hier lediglich die oben im § 22 unter C, I und II, S. 91 ff. angegebenen Grundsätze und Berechnungen entsprechende Anwendung.

D.

Die Kosten des amtsgerichtlichen Wiederaufhebungsverfahrens.

Nach dem Generalcitat des § 685 Abs. 1 CPO. soll für die Pflicht zur Kostentragung die Bestimmung des § 677 CPO. maßgebend sein. Da bei der Entmündigung einer Person wegen Verschwendung eine Mitwirkung des Staatsanwalts überhaupt nicht stattfindet, auch das Wiederaufhebungsverfahren also niemals vom Staatsanwalt beantragt sein kann, so fallen die Kosten in allen Fällen dem Entmündigten zur Last, mag die Wiederaufhebung von ihm selbst oder seinem Vormund beantragt, dem Antrag stattgegeben oder die Wiederaufhebung abgelehnt worden sein.

In Betreff der Höhe der Gebühren vergl. oben § 22 unter D, II S. 94.

E.

Die Kosten des Wiederaufhebungsprozesses (§ 686 CPO.).

Die Pflicht zur Kostentragung und die Höhe der Gebühren ist dieselbe wie im Anfechtungsprozeß. Vergl. oben C und § 22 C, I und II, S. 95 ff., woselbst die maßgebenden Grundsätze näher erörtert und die Gebühren einzeln berechnet sind.

Es soll hier nur noch besonders hervorgehoben werden, daß für die nach § 686 Abs. 2 CPO. zulässige Beiordnung eines Rechtsanwalts als Vertreter des Entmündigten nach § 47 Nr. 9 Gerichtskostenges. Gebühren nicht erhoben werden.

Anhang.

I. Civilprozeßordnung für das Deutsche Reich

in der Fassung vom 20. Mai 1898 (RGBl. S. 410ff.)

Sechstes Buch. Dritter Abschnitt. Verfahren in Entmündigungssachen.

§ 645. Die Entmündigung wegen Geisteskrankheit oder wegen Geistesschwäche erfolgt durch Beschluß des Amtsgerichts.

Der Beschluß wird nur auf Antrag erlassen.

§ 646. Der Antrag kann von dem Ehegatten, einem Verwandten oder demjenigen gesetzlichen Vertreter des zu Entmündigenden gestellt werden, welchem die Sorge für die Person zusteht. Gegen eine Person, die unter elterlicher Gewalt oder unter Vormundschaft steht, kann der Antrag von einem Verwandten nicht gestellt werden. Gegen eine Ehefrau kann der Antrag von einem Verwandten nur gestellt werden, wenn auf Aufhebung der ehelichen Gemeinschaft erkannt ist oder wenn der Ehemann die Ehefrau verlassen hat oder wenn der Ehemann zur Stellung des Antrags dauernd außer Stande oder sein Aufenthalt dauernd unbekannt ist.

In allen Fällen ist auch der Staatsanwalt bei dem vorgesetzten Landgerichte zur Stellung des Antrags befugt.

§ 647. Der Antrag kann bei dem Gerichte schriftlich eingereicht oder zum Protokolle des Gerichtsschreibers angebracht werden. Er soll eine Angabe der ihn begründenden Thatsachen und die Bezeichnung der Beweismittel enthalten.

§ 648. Für die Einleitung des Verfahrens ist das Amtsgericht, bei welchem der zu Entmündigende seinen allgemeinen Gerichtsstand hat, ausschließlich zuständig.

Gegen einen Deutschen, welcher im Inlande keinen allgemeinen Gerichtsstand hat, kann der Antrag bei dem Amtsgerichte gestellt werden, in dessen Bezirke der zu Entmündigende den letzten Wohnsitz im Inlande hatte; in Ermangelung eines solchen Wohnsitzes finden die Vorschriften des § 15 Abs. 1 Satz, 2, 3 entsprechende Anwendung.

§ 649. Das Gericht kann vor der Einleitung des Verfahrens die Beibringung eines ärztlichen Zeugnisses anordnen.

§ 650. Das Gericht kann nach der Einleitung des Verfahrens, wenn es mit Rücksicht auf die Verhältnisse des zu Entmündigenden erforderlich erscheint, die Verhandlung und Entscheidung dem Amtsgericht überweisen, in dessen Bezirke der zu Entmündigende sich aufhält.

Die Ueberweisung ist nicht mehr zulässig, wenn das Gericht den zu Entmündigenden vernommen hat (§ 654 Abs. 1).

Wird die Uebernahme abgelehnt, so entscheidet das im Instanzenzuge zunächst höhere Gericht.

§ 651. Wenn nach der Uebernahme des Verfahrens durch das Gericht, an welches die Ueberweisung erfolgt ist, ein Wechsel im Aufenthaltsorte des zu Entmündigenden eintritt, so ist dieses Gericht zu einer weiteren Ueberweisung befugt.

Die Vorschriften des § 650 finden entsprechende Anwendung.

§ 652. Der Staatsanwalt kann in allen Fällen das Verfahren durch Stellung von Anträgen betreiben und den Terminen beiwohnen. Er ist von der Einleitung des Verfahrens, sowie von einer nach den §§ 650, 651 erfolgten Ueberweisung und von allen Terminen in Kenntniß zu setzen.

§ 653. Das Gericht hat unter Benutzung der in dem Antrag angegebenen Thatsachen und Beweismittel von Amtswegen die zur Feststellung des Geisteszustandes erforderlichen Ermittelungen zu veranstalten und die erheblich erscheinenden Beweise aufzunehmen. Zuvor ist dem zu Entmündigenden Gelegenheit zur Bezeichnung von Beweismitteln zu geben, desgleichen demjenigen gesetzlichen Vertreter des zu Entmündigenden, welchem die Sorge für die Person zusteht, sofern er nicht die Entmündigung beantragt hat.

Für die Vernehmung und Beeidigung der Zeugen und Sachverständigen kommen die Bestimmungen im siebenten und achten Titel des ersten Abschnitts des zweiten Buchs zur Anwendung. Die Anordnung der Haft im Falle des § 390 kann von Amtswegen erfolgen.

§ 654. Der zu Entmündigende ist persönlich unter Zuziehung eines oder mehrerer Sachverständigen zu vernehmen. Zu diesem Zwecke kann die Vorführung des zu Entmündigenden angeordnet werden.

Die Vernehmung kann auch durch einen ersuchten Richter erfolgen.

Die Vernehmung darf nur unterbleiben, wenn sie mit besonderen Schwierigkeiten verbunden oder nicht ohne Nachtheil für den Gesundheitszustand des zu Entmündigenden ausführbar ist.

§ 655. Die Entmündigung darf nicht ausgesprochen werden, bevor das Gericht einen oder mehrere Sachverständige über den Geisteszustand des zu Entmündigenden gehört hat.

§ 656. Mit Zustimmung des Antragstellers kann das Gericht anordnen, daß der zu Entmündigende auf die Dauer von höchstens sechs Wochen in eine Heilanstalt gebracht werde, wenn dies nach ärztlichem Gutachten zur Feststellung des Geisteszustandes geboten erscheint und ohne Nachtheil für den Gesundheitszustand des zu Entmündigenden ausführbar ist. Vor der Entscheidung sind die im § 646 bezeichneten Personen soweit thunlich zu hören.

Gegen den Beschluß, durch welchen die Unterbringung angeordnet wird, steht dem zu Entmündigenden, dem Staatsanwalt und binnen der für den zu Entmündigenden laufenden Frist den sonstigen im § 646 bezeichneten Personen die sofortige Beschwerde zu.

§ 657. Sobald das Gericht die Anordnung einer Fürsorge für die Person oder das Vermögen des zu Entmündigenden für erforderlich hält, ist der Vormundschaftsbehörde zum Zwecke dieser Anordnung Mittheilung zu machen.

§ 658. Die Kosten des Verfahrens sind, wenn die Entmündigung erfolgt, von dem Entmündigten, anderenfalls von der Staatskasse zu tragen.

Insoweit einen der im § 646 Abs. 1 bezeichneten Antragsteller bei Stellung des Antrags nach dem Ermessen des Gerichts ein Verschulden trifft, können demselben die Kosten ganz oder theilweise zur Last gelegt werden.

§ 659. Der über die Entmündigung zu erlassende Beschluß ist dem Antragsteller und dem Staatsanwalte von Amtswegen zuzustellen.

§ 660. Der die Entmündigung aussprechende Beschluß ist von Amtswegen der Vormundschaftsbehörde mitzutheilen und, wenn der Entmündigte unter elterlicher Gewalt oder unter Vormundschaft steht, auch demjenigen gesetzlichen Vertreter zuzustellen, welchem die Sorge für die Person des Entmündigten zusteht. Im Falle der Entmündigung wegen Geistesschwäche ist der Beschluß außerdem dem Entmündigten selbst zuzustellen.

§ 661. Die Entmündigung wegen Geisteskrankheit tritt, wenn der Entmündigte unter elterlicher Gewalt oder unter Vormundschaft steht, mit der Zustellung des Beschlusses an denjenigen gesetzlichen Vertreter, welchem die Sorge für die Person zusteht, anderenfalls mit der Bestellung des Vormundes in Wirksamkeit.

Die Entmündigung wegen Geistesschwäche tritt mit der Zustellung des Beschlusses an den Entmündigten in Wirksamkeit.

§ 662. Der die Entmündigung ablehnende Beschluß ist von Amtswegen auch demjenigen zuzustellen, dessen Entmündigung beantragt war.

§ 663. Gegen den Beschluß, durch welchen die Entmündigung abgelehnt wird, steht dem Antragsteller und dem Staatsanwalte die sofortige Beschwerde zu.

In dem Verfahren vor dem Beschwerdegerichte finden die Vorschriften der §§ 652, 653 entsprechende Anwendung.

§ 664. Der die Entmündigung aussprechende Beschluß kann im Wege der Klage binnen der Frist eines Monats angefochten werden.

Zur Erhebung der Klage sind der Entmündigte selbst, derjenige gesetzliche Vertreter des Entmündigten, welchem die Sorge für die Person zusteht, und die übrigen im § 646 bezeichneten Personen befugt.

Die Frist beginnt im Falle der Entmündigung wegen Geisteskrankheit für den Entmündigten mit dem Zeitpunkt, in welchem er von der Entmündigung Kenntniß erlangt, für die übrigen Personen mit dem Zeitpunkt, in welchem die Entmündigung in Wirksamkeit tritt. Im Falle der Entmündigung wegen Geistesschwäche beginnt die Frist für den gesetzlichen Vertreter des unter elterlicher Gewalt oder unter Vormundschaft stehenden Entmündigten mit dem Zeitpunkt, in welchem ihm der Beschluß zugestellt wird, für den Entmündigten selbst und die übrigen Personen mit der Zustellung des Beschlusses an den Entmündigten.

§ 665. Für die Klage ist das Landgericht ausschließlich zuständig, in dessen Bezirke das Amtsgericht, welches über die Entmündigung entschieden hat, seinen Sitz hat.

§ 666. Die Klage ist gegen den Staatsanwalt zu richten.

Wird die Klage von dem Staatsanwalt erhoben, so ist sie gegen denjenigen gesetzlichen Vertreter des Entmündigten zu richten, welchem die Sorge für die Person zusteht.

Hat eine der im § 646 Abs. 1 bezeichneten Personen die Entmündigung beantragt, so ist dieselbe unter Mittheilung der Klage zum Termine zur mündlichen Verhandlung zu laden. Dieselbe gilt im Falle des Beitritts im Sinne des § 62 als Streitgenosse der Hauptpartei.

§ 667. Mit der die Entmündigung anfechtenden Klage kann eine andere Klage nicht verbunden werden.

Eine Widerklage ist unzulässig.

§ 668. Will der Entmündigte die Klage erheben, so ist ihm auf seinen Antrag von dem Vorsitzenden des Prozeßgerichts ein Rechtsanwalt als Vertreter beizuordnen.

§ 669. Bei der mündlichen Verhandlung haben die Parteien die Ergebnisse der bei dem Amtsgerichte stattgehabten Sachuntersuchung, soweit es zur Prüfung der Richtigkeit des angefochtenen Beschlusses erforderlich ist, vollständig vorzutragen.

Im Falle der Unrichtigkeit oder Unvollständigkeit des Vortrags hat der Vorsitzende dessen Berichtigung oder Vervollständigung, nöthigenfalls unter Wiedereröffnung der Verhandlung, zu veranlassen.

§ 670. Die Vorschriften des § 617 Abs. 1, 3 und der §§ 618, 622 finden entsprechende Anwendung.

Der Parteieid ist ausgeschlossen.

§ 671. Die Bestimmungen der §§ 654, 655 finden in dem Verfahren über die Anfechtungsklage entsprechende Anwendung.

Von der Vernehmung Sachverständiger darf das Gericht Abstand nehmen, wenn es das vor dem Amtsgericht abgegebene Gutachten für genügend erachtet.

§ 672. Wird die Anfechtungsklage für begründet erachtet, so ist der die Entmündigung aussprechende Beschluß aufzuheben. Die Aufhebung tritt erst mit der Rechtskraft des Urtheils in Wirksamkeit. Auf Antrag können jedoch zum Schutze der Person oder des Vermögens des Entmündigten einstweilige Verfügungen nach Maßgabe der §§ 936—944 getroffen werden.

§ 673. Unterliegt der Staatsanwalt, so ist die Staatskasse zur Erstattung der dem obsiegenden Gegner erwachsenen Kosten in Gemäßheit der Bestimmungen des fünften Titels des zweiten Abschnitts des ersten Buchs zu verurtheilen.

Ist die Klage von dem Staatsanwalt erhoben, so hat die Staatskasse in allen Fällen die Kosten des Rechtsstreits zu tragen.

§ 674. Das Prozeßgericht hat der Vormundschaftsbehörde und dem Amtsgerichte von jedem in der Sache erlassenen Endurtheile Mittheilung zu machen.

§ 675. Die Wiederaufhebung der Entmündigung erfolgt auf Antrag des Entmündigten oder desjenigen gesetzlichen Vertreters des Entmündigten, welchem die Sorge für die Person zusteht, oder des Staatanwalts durch Beschluß des Amtsgerichts.

§ 676. Für die Wiederaufhebung der Entmündigung ist das Amtsgericht ausschließlich zuständig, bei welchem der Entmündigte seinen allgemeinen Gerichtsstand hat.

Ist der Entmündigte ein Deutscher und hat er im Inlande keinen allgemeinen Gerichtsstand, so kann der Antrag bei dem Amtsgerichte gestellt werden, welches über die Entmündigung entschieden hat. Das Gleiche gilt, wenn ein Ausländer, welcher im Inland entmündigt worden ist, im Inlande keinen allgemeinen Gerichtsstand hat.

Die Bestimmungen des § 647 und der §§ 649—655 finden entsprechende Anwendung.

§ 677. Die Kosten des Verfahrens sind von dem Entmündigten, wenn das Verfahren von dem Staatsanwalt ohne Erfolg beantragt ist, von der Staatskasse zu tragen.

§ 678. Der über die Wiederaufhebung der Entmündigung zu erlassende Beschluß ist dem Antragsteller und im Falle der Wiederaufhebung dem Entmündigten sowie dem Staatsanwalte von Amtswegen zuzustellen.

Gegen den Beschluß, durch welchen die Entmündigung aufgehoben wird, steht dem Staatsanwalte die sofortige Beschwerde zu.

Die rechtskräftig erfolgte Wiederaufhebung ist der Vormundschaftsbehörde mitzutheilen.

§ 679. Wird der Antrag auf Wiederaufhebung von dem Amtsgericht abgelehnt, so kann dieselbe im Wege der Klage beantragt werden.

Zur Erhebung der Klage ist derjenige gesetzliche Vertreter des Entmündigten, welchem die Sorge für die Person zusteht, und der Staatsanwalt befugt.

Will der gesetzliche Vertreter die Klage nicht erheben, so kann der Vorsitzende des Prozeßgerichts dem Entmündigten einen Rechtsanwalt als Vertreter beiordnen.

Auf das Verfahren finden die Vorschriften der §§ 665—667, 669—674 entsprechende Anwendung.

§ 680. Die Entmündigung wegen Verschwendung oder wegen Trunksucht erfolgt durch Beschluß des Amtsgerichts.

Der Beschluß wird nur auf Antrag erlassen.

Auf das Verfahren finden die Vorschriften des § 646 Abs. 1 und der §§ 647, 648, 653, 657, 663 entsprechende Anwendung.

Eine Mitwirkung der Staatsanwaltschaft findet nicht statt.

Die landesgesetzlichen Vorschriften, nach welchen eine Gemeinde oder ein der Gemeinde gleichstehender Verband oder ein Armenverband berechtigt ist, die Entmündigung wegen Verschwendung oder wegen Trunksucht zu beantragen, bleiben unberührt.

§ 681. Ist die Entmündigung wegen Trunksucht beantragt, so kann das Gericht die Beschlußfassung über die Entmündigung aussetzen, wenn Aussicht besteht, daß der zu Entmündigende sich bessern werde.

§ 682. Die Kosten des amtsgerichtlichen Verfahrens sind, wenn die Entmündigung erfolgt, von dem Entmündigten, anderenfalls von dem Antragsteller zu tragen

§ 683. Der über die Entmündigung zu erlassende Beschluß ist dem Antragsteller und dem zu Entmündigenden von Amtswegen zuzustellen.

Der die Entmündigung aussprechende Beschluß tritt mit der Zustellung an den Entmündigten in Wirksamkeit. Der Vormundschaftsbehörde ist ein solcher Beschluß von Amtswegen mitzutheilen.

§ 684. Der die Entmündigung aussprechende Beschluß kann binnen der Frist eines Monats von dem Entmündigten im Wege der Klage angefochten werden.

Die Frist beginnt mit der Zustellung des Beschlusses an den Entmündigten.

Die Klage ist gegen denjenigen, welcher die Entmündigung beantragt hatte, falls aber dieser verstorben, oder sein Aufenthalt unbekannt, oder im Auslande ist, gegen den Staatsanwalt zu richten.

Auf das Verfahren finden die Vorschriften der §§ 665, 667, 669, 670, 672 bis 674 entsprechende Anwendung.

§ 685. Die Wiederaufhebung der Entmündigung erfolgt auf Antrag des Entmündigten oder desjenigen gesetzlichen Vertreters des Entmündigten, welchem die Sorge für die Person zusteht, durch Beschluß des Amtsgerichts unter entsprechender Anwendung der §§ 647, 653, des § 676 Abs. 1, 2, des § 677 und des § 678 Abs. 1, 3.

§ 686. Wird der Antrag auf Wiederaufhebung von dem Amtsgericht abgelehnt, so kann dieselbe im Wege der Klage beantragt werden.

Zur Erhebung der Klage ist derjenige gesetzliche Vertreter des Entmündigten befugt, welchem die Sorge für die Person zusteht. Will dieser die Klage nicht erheben, so kann der Vorsitzende des Prozeßgerichts dem Entmündigten einen Rechtsanwalt als Vertreter beiordnen.

Die Klage ist gegen denjenigen, welcher die Entmündigung beantragt hatte, falls aber dieser verstorben, oder sein Aufenthalt unbekannt oder im Auslande ist, gegen den Staatsanwalt zu richten.

Auf das Verfahren finden die Vorschriften der §§ 665, 667, 669, 670, 672 bis 674 entsprechende Anwendung.

§ 687. Die Entmündigung einer Person wegen Verschwendung oder wegen Trunksucht, sowie die Wiederaufhebung einer solchen Entmündigung ist von dem Amtsgericht öffentlich bekannt zu machen.

II. Gerichtsverfassungsgesetz

in der Fassung vom 20. Mai 1898 (RGBl. S. 371 ff.)

Vierzehnter Titel. Oeffentlichkeit und Sitzungspolizei.

§ 170. Die Verhandlung vor dem erkennenden Gerichte, einschließlich der Verkündung der Urtheile und Beschlüsse desselben, erfolgt öffentlich.

§ 171. In Ehesachen ist die Oeffentlichkeit auszuschließen, wenn eine der Parteien es beantragt.

§ 172. In dem auf die Klage wegen Anfechtung oder Wiederaufhebung der Entmündigung einer Person wegen Geisteskrankheit oder wegen Geistesschwäche eingeleiteten Verfahren (§§ 664, 679 der Civilprozeßordnung) ist die Oeffentlichkeit während der Vernehmung des Entmündigten auszuschließen, auch kann auf Antrag einer der Parteien die Oeffentlichkeit der Verhandlung überhaupt ausgeschlossen werden.

Das Verfahren wegen Entmündigung oder Wiederaufhebung der Entmündigung (§§ 645—663, 675—678 der Civilprozeßordnung) ist nicht öffentlich.

§ 173.*) In allen Sachen kann durch das Gericht für die Verhandlung oder für einen Theil derselben die Oeffentlichkeit ausgeschlossen werden, wenn sie eine

*) Die jetzige Fassung der §§ 173—176 beruht auf dem Gesetze, betreffend die unter Ausschluß der Oeffentlichkeit stattfindenden Gerichtsverhandlungen, v. 5. April 1888.

Gefährdung der öffentlichen Ordnung, insbesondere der Staatssicherheit, oder eine Gefährdung der Sittlichkeit besorgen läßt.

§ 174. Die Verkündung des Urtheils erfolgt in jedem Falle öffentlich.

Durch einen besonderen Beschluß des Gerichts kann für die Verkündung der Urtheilsgründe oder eines Theiles derselben die Oeffentlichkeit ausgeschlossen werden, wenn sie eine Gefährdung der Staatssicherheit oder eine Gefährdung der Sittlichkeit besorgen läßt.

§ 175. Die Verhandlung über die Ausschließung der Oeffentlichkeit findet in nicht öffentlicher Sitzung statt, wenn ein Betheiligter es beantragt oder das Gericht es für angemessen erachtet. Der Beschluß, welcher die Oeffentlichkeit ausschließt, muß öffentlich verkündet werden. Bei der Verkündung ist anzugeben, ob die Ausschließung wegen Gefährdung der öffentlichen Ordnung, insbesondere wegen Gefährdung der Staatssicherheit, oder ob sie wegen Gefährdung der Sittlichkeit erfolgt.

Ist die Oeffentlichkeit wegen Gefährdung der Staatssicherheit ausgeschlossen, so kann das Gericht den anwesenden Personen die Geheimhaltung von Thatsachen, welche durch die Verhandlung, durch die Anklageschrift oder durch andere amtliche Schriftstücke des Prozesses zu ihrer Kenntniß gelangen, zur Pflicht machen. Der Beschluß ist in das Sitzungsprotokoll aufzunehmen. Gegen denselben findet Beschwerde statt. Die Beschwerde hat keine aufschiebende Wirkung.

§ 176. Der Zutritt zu öffentlichen Verhandlungen kann unerwachsenen und solchen Personen versagt werden, welche sich nicht im Besitze der bürgerlichen Ehrenrechte befinden, oder welche in einer der Würde des Gerichts nicht entsprechenden Weise erscheinen.

Zu nicht öffentlichen Verhandlungen kann der Zutritt einzelnen Personen vom Gerichte gestattet werden. Einer Anhörung der Betheiligten bedarf es nicht.

Die Ausschließung der Oeffentlichkeit steht der Anwesenheit der die Dienstaufsicht führenden Beamten der Justizverwaltung bei den Verhandlungen vor dem erkennnenden Gerichte nicht entgegen.

III. Gesetz über die Angelegenheiten der freiwilligen Gerichtsbarkeit

vom 17. Mai 1898 (RGBl. S. 189).

(In der Fassung vom 20. Mai 1898, RGBl. S. 771.)

§ 35. Für die dem Vormundschaftsgericht obliegenden Verrichtungen sind die Amtsgerichte zuständig.

Vergl. hierzu Art. 147 Einf. Ges. zum Bürgerlichen Gesetzbuch:

Unberührt bleiben die landesgesetzlichen Vorschriften, nach welchen für die dem Vormundschaftsgericht oder dem Nachlassgericht obliegenden Verrichtungen andere als gerichtliche Behörden zuständig sind.

§ 36. Für die Vormundschaft ist das Gericht zuständig, in dessen Bezirke der Mündel zu der Zeit, zu welcher die Anordnung der Vormundschaft erforderlich wird, seinen Wohnsitz oder in Ermangelung eines inländischen Wohnsitzes seinen Aufenthalt hat. Wird die Anordnung einer Vormundschaft über Geschwister erforderlich, die in den Bezirken verschiedener Vormundschaftsgerichte ihren Wohnsitz oder ihren Aufenthalt haben, so ist, wenn für einen der Mündel schon eine Vormundschaft anhängig ist, das für diesen zuständige Gericht, anderenfalls dasjenige Gericht, in dessen Bezirke der jüngste Mündel seinen Wohnsitz oder seinen Aufenthalt hat, für alle Geschwister maßgebend.

Ist der Mündel ein Deutscher und hat er im Inlande weder Wohnsitz noch Aufenthalt, so ist das Gericht zuständig, in dessen Bezirke der Mündel seinen letzten inländischen Wohnsitz hatte. In Ermangelung eines solchen Wohnsitzes wird das zuständige Gericht, falls der Mündel einem Bundesstaat angehört, von der Landesjustizverwaltung, anderenfalls von dem Reichskanzler bestimmt.

Für die Vormundschaft über einen Minderjährigen, dessen Familienstand nicht zu ermitteln ist, ist das Gericht zuständig, in dessen Bezirk der Minderjährige aufgefunden wurde.

§ 46. Das Vormundschaftsgericht kann die Vormundschaft aus wichtigen Gründen an ein anderes Vormundschaftsgericht abgeben, wenn sich dieses zur Uebernahme der Vormundschaft bereit erklärt; nach der Bestellung des Vormunds ist jedoch dessen Zustimmung erforderlich.

Einigen sich die Gerichte nicht oder verweigert der Vormund oder wenn mehrere Vormünder die Vormundschaft gemeinschaftlich führen, einer von ihnen seine Zustimmung, so entscheidet das gemeinschaftliche obere Gericht. Eine Anfechtung der Entscheidung findet nicht statt.

Diese Vorschriften ꝛc. (Pflegschaft).

§ 47. Ist über einen Deutschen, der im Auslande seinen Wohnsitz oder Aufenthalt hat, die nach den Vorschriften des Bürgerlichen Gesetzbuchs erforderliche Vormundschaft im Ausland angeordnet, so kann die Anordnung der Vormundschaft im Inland unterbleiben, wenn dies im Interesse des Mündels liegt.

Hat ein Deutscher, über den im Inland eine Vormundschaft angeordnet ist, im Auslande seinen Wohnsitz oder Aufenthalt, so kann das Gericht, bei welchem die Vormundschaft anhängig ist, sie an den ausländischen Staat abgeben, wenn dies im Interesse des Mündels liegt, der Vormund seine Zustimmung ertheilt und der ausländische Staat sich zur Uebernahme bereit erklärt. Verweigert der Vormund oder, wenn mehrere Vormünder die Vormundschaft gemeinschaftlich führen, einer von ihnen seine Zustimmung, so entscheidet an Stelle des Gerichts, bei welchem die Vormundschaft anhängig ist, das im Instanzenzuge vorgeordnete Gericht. Eine Anfechtung der Entscheidung findet nicht statt.

Diese Vorschriften gelten auch für die Pflegschaft.

§ 52. Eine Verfügung, durch die ein Volljähriger unter vorläufige Vormundschaft gestellt wird, tritt, wenn die Entmündigung wegen Geisteskrankheit beantragt ist, mit der Bestellung des Vormundes, wenn die Entmündigung wegen Geistesschwäche, wegen Verschwendung oder wegen Trunksucht beantragt ist, mit der Bekanntmachung an den zu Entmündigenden, eine Verfügung, durch die eine vorläufige Vormundschaft aufgehoben wird, tritt mit der Bekanntmachung an den Mündel in Wirksamkeit.

§ 57. Die Beschwerde steht, unbeschadet der Vorschriften des § 20,*) zu:

1) gegen eine Verfügung, durch welche die Anordnung einer Vormundschaft abgelehnt oder eine Vormundschaft aufgehoben wird, Jedem, der ein rechtliches Interesse an der Aenderung der Verfügung hat, sowie dem Ehegatten, den Verwandten und Verschwägerten des Mündels, es sei denn, daß die Verfügung eine vorläufige Vormundschaft betrifft;

2) gegen eine Verfügung, durch welche die Anordnung einer vorläufigen Vormundschaft abgelehnt oder eine solche Vormundschaft aufgehoben wird, denjenigen, welche den Antrag auf Entmündigung zu stellen berechtigt sind;

3) 2c.

§ 59. Ein unter elterlicher Gewalt stehendes Kind oder ein unter Vormundschaft stehender Mündel kann in allen seine Person betreffenden Angelegenheiten ohne Mitwirkung seines gesetzlichen Vertreters das Beschwerderecht ausüben. Das Gleiche gilt in Angelegenheiten, in denen der Mündel vor einer Entscheidung des Vormundschaftsgerichts gehört werden soll.

Diese Vorschriften finden auf Personen, die geschäftsunfähig sind oder nicht das vierzehnte Lebensjahr vollendet haben, keine Anwendung.

§ 60. Die sofortige Beschwerde findet statt:

1) 2c.

5) gegen eine Verfügung, durch die ein Volljähriger unter vorläufige Vormundschaft gestellt wird.

§ 61. Wird eine Verfügung, durch die ein Volljähriger unter vorläufige Vormundschaft gestellt ist, von dem Beschwerdegericht aufgehoben, so kann die Wirksamkeit der von oder gegenüber dem Volljährigen vorgenommenen Rechtsgeschäfte nicht auf Grund der aufgehobenen Verfügung in Frage gestellt werden.

IV. Musterbeispiele.

1. Antrag auf Entmündigung einer Geisteskranken.

Antrag
des Rentier Viktor Schwachkopf zu Berlin, Lützowstraße 100,
auf Entmündigung
der z. Z. in der städtischen Irrenanstalt zu Dalldorf befindlichen unverehelichten Eulalia Schwachkopf
wegen Geisteskrankheit.

Drei Anlagen

Anlage I

Meine Schwester, die am 30. April 1840 zu Dummhausen in Hinterpommern geborene unverehelichte Eulalia Schwachkopf, welche, wie die als Anlage I beigefügte polizeiliche Bescheinigung vom 31. Dezember 1899 ergiebt, seit dem Jahre 1870 bis zum 1. November 1899 zu Berlin wohnhaft gewesen ist und daselbst mit mir in dem

*) § 20 lautet: „Die Beschwerde steht Jedem zu, dessen Recht durch die Verfügung beeinträchtigt ist.

Soweit eine Verfügung nur auf Antrag erlassen werden kann und der Antrag zurückgewiesen worden ist, steht die Beschwerde nur dem Antragsteller zu."

Hause Lützowstraße Nr. 100 einen gemeinschaftlichen Hausstand geführt hat, leidet seit etwa sechs Monaten an einer offenbaren Geisteskrankheit. Sie hält sich für eine Prinzessin und beurtheilt, durch Hallucinationen und Wahnvorstellungen getäuscht, Personen und Oertlichkeiten ihrem vermeintlichen Range gemäß. Sie erachtet es unter ihrer Würde, selbst für ihre Beköstigung, Kleidung zu sorgen und blieb deßhalb z. B. Tage lang ohne Nahrung,

wie dies Alles die bei mir in Stellung befindliche unverehelichte Auguste Kochfleisch, Lützowstraße 100 hierselbst wohnhaft, bekunden wird.

Meine Schwester Eulalia Schwachkopf befindet sich in einem Zustand andauernder krankhafter Störung der Geistesthätigkeit, in welchem sie die freie Willensbestimmung und die Fähigkeit, die Gesammtheit ihrer Angelegenheiten vernünftig zu besorgen, vollständig verloren hat.

Anlage II

Zum Beweise dessen berufe ich mich auf das als Anlage II in Urschrift beigefügte ärztliche Zeugniß des dirigirenden Arztes der städtischen Irrenanstalt zu Dalldorf, in welche ich meine mehrgedachte Schwester auf den dringenden Rath meines Hausarztes Sanitätsrath Dr. Kirchhof habe bringen müssen.

Anlage III

Abschrift des s. Z. von dem Dr. Kirchhof behufs Aufnahme meiner Schwester in die Irrenanstalt ausgestellten Zeugnisses füge ich als Anlage III mit dem Anheimstellen bei, den Dr. Kirchhof zur persönlichen Vernehmung meiner Schwester als Sachverständigen zuziehen.

Ich beantrage deshalb,

auf Grund des § 6 des Bürgerlichen Gesetzbuchs für das Deutsche Reich, bezw. der §§ 645 ff. der Civilprozeßordnung das Entmündigungsverfahren gegen meine Schwester Eulalia Schwachkopf einzuleiten, meine Schwester wegen Geisteskrankheit zu entmündigen und die Kosten des Verfahrens aus dem Vermögen derselben zu entnehmen.

Berlin, den 10. Januar 1900.

Viktor Schwachkopf,
Rentier.

An
das Königliche Amtsgericht I
zu
Berlin.

2. Protokoll über die persönliche Vernehmung des zu Entmündigenden.

Königliches Amtsgericht Berlin II.

Anwesend:

Schultze, Amtsgerichtsrath, als Richter.

Müller, Amtsgerichts-Sekretär, als Gerichtsschreiber.

Verhandelt

Dalldorf, den 2. Februar 1900 in der Irrenanstalt der Stadt Berlin.

In dem Verfahren, betreffend die Entmündigung der unverehelichten Eulalia Schwachkopf aus Berlin,

E. 2. 1900,

ist in Folge Ersuchens des Königlichen Amtsgerichts I zu Berlin vom 12. Januar d. J. zur persönlichen Vernehmung der zu Entmündigenden und eventuellen Vernehmung von Sachverständigen über den Geisteszustand derselben ein Termin auf den heutigen Tag anberaumt worden.

Die nebenbezeichneten Gerichtspersonen, welche sich zur Abhaltung dieses Termins heute Nachmittag hierher begeben hatten, trafen im Geschäftszimmer der Anstalt anwesend:

1. die zu Entmündigende, unverehelichte Eulalia Schwachkopf aus Berlin,
2. als Sachverständige:
   a) den dirigirenden Arzt der Irrenanstalt zu Dalldorf, Geheimen Medizinalrath Dr. Sander,
   b) den Sanitätsrath Dr. Kirchhof aus Berlin.

Beide Sachverständige, welche für die Erstattung von Gutachten in Geisteszustands-Untersuchungen im Allgemeinen beeidigt sind, wurden mit dem Zweck des heutigen Termins näher bekannt gemacht.

Unter Zuziehung der Herren Sachverständigen wurde hierauf nach erfolgter Ausschließung der Oeffentlichkeit folgende Unterredung mit der zu Entmündigenden geführt:

Frage:	Antwort:
Wie heißen Sie?	Prinzessin Pauline Montgomery.
Wann und wo sind Sie geboren?	Am 26. April 1860 auf Schloß Miramare in Italien.
Wo haben Sie sich zuletzt aufgehalten?	Im Schloß Boncourt in Frankreich u. s. w.
u. s. w.	

Hier wurde die Unterredung abgebrochen und die Eulalia Schwachkopf entlassen.

Die Herren Sachverständigen erklärten hierauf übereinstimmend, daß sie auf Grund der von ihnen gemachten Vorbesuche und der heute mit der Eulalia Schwachkopf gepflogenen Unterredung schon jetzt im Stande seien, ein endgültiges Gutachten über den Geisteszustand der letzteren abzugeben.

Herr Geheimrath Dr. Sander gab an, daß er mit Vornamen ..... heiße, ... Jahre alt und ..... Konfession sei.

Herr Sanitätsrath Dr. Kirchhof gab an, daß zc.

Beide Herren Sachverständigen verneinten die allgemeinen Zeugenfragen und erklärten alsdann unter Berufung auf den im Allgemeinen geleisteten Sachverständigeneid übereinstimmend folgendes Gutachten zu Protokoll:

— folgt das Gutachten, welches in seinem Ergebniß dahin lautet, daß die Eulalia Schwachkopf sich in einem Zustande dauernder krankhafter Störung der Geistesthätigkeit befinde, in welchem sie die freie Willensbestimmung und die Fähigkeit, die Gesammtheit ihrer Angelegenheiten vernünftig zu besorgen, verloren habe, so daß sie als geisteskrank im Sinne des § 6 des Bürgerlichen Gesetzbuchs für das Deutsche Reich zu erachten sei.

Nachdem soweit verhandelt war, wurde diese Verhandlung geschlossen, den Herren Sachverständigen vorgelesen, von ihnen genehmigt und wie folgt unterschrieben:

gez. Dr. Sander. gez. Dr. Kirchhof.

Verhandelt wie oben.

gez. Schultze. gez. Müller.

3. Entmündigungsbeschluß.

Beschluß.

In dem Verfahren, betreffend die Entmündigung der unverehelichten Eulalia Schwachkopf aus Berlin, z. Z. in der städtischen Irrenanstalt zu Dalldorf,

E. 2. 1900,

hat das Königliche Amtsgericht I zu Berlin am 15. Februar 1900 beschlossen, daß,

da der Bruder der zu Entmündigenden, Rentier Viktor Schwachkopf zu Berlin am 10. Januar 1900 den Antrag auf Entmündigung gestellt und die Sachverständigen Geheimer Medizinalrath Dr. Sander zu Dalldorf und Sanitätsrath Dr. Kirchhof zu Berlin nach erfolgter persönlicher Vernehmung der zu Entmündigenden, zu welcher sie zugezogen waren, ihr eidliches Gutachten übereinstimmend dahin abgegeben haben, daß die Eulalia Schwachkopf sich in einem Zustande dauernder krankhafter Störung der Geistesthätigkeit befinde, in welchem sie die freie Willensbestimmung und die Fähigkeit, die Gesammtheit ihrer Angelegenheiten vernünftig zu besorgen, verloren habe, so daß sie als geisteskrank im Sinne des § 6 des Bürgerlichen Gesetzbuchs für das Deutsche Reich zu erachten sei,

da die Entscheidung in Betreff der Kosten sich aus § 658 Abs. 1 der Civilprozeßordnung ergiebt,

die unverehelichte Eulalia Schwachkopf aus Berlin, z. Z. in der städtischen Irrenanstalt zu Dalldorf als geisteskrank zu entmündigen und die Kosten des Verfahrens aus ihrem Vermögen zu entnehmen.

(L. S.) Walter,
Amtsgerichtsrath.

Ausgefertigt,

Berlin, den 20. Februar 1900.

Meyer,
Gerichtsschreiber.

4. Anfechtungsklage.

Klage

der unverehelichten Eulalia Schwachkopf aus Berlin, z. Z. in der städtischen Irrenanstalt zu Dalldorf,

vertreten durch den ihr von dem Königlichen Landgericht I zu Berlin beigeordneten Vertreter, Rechtsanwalt Hellkopf zu Berlin, Friedrichstraße 99,

Klägerin,

gegen

1) den Königlichen Ersten Staatsanwalt bei dem Landgericht I zu Berlin,

Beklagten,

und

2) den Rentier Viktor Schwachkopf zu Berlin, Lützowstraße 100, als Streitgenossen des Beklagten zu 1),

Zwei Anlagen

bezweckend die Anfechtung der auf des letzteren von dem Königlichen Amtsgericht I zu Berlin wegen Geisteskrankheit ausgesprochenen Entmündigung der Klägerin.

Auf Grund des von dem Bruder der Klägerin, dem zu Berlin, Lützowstraße 100 wohnhaften Rentier Viktor Schwachkopf unter dem 10. Januar 1900 gestellten Entmündigungsantrags hat das Königliche Amtsgericht I zu Berlin durch Beschluß vom 15. Februar 1900 die Entmündigung der Klägerin wegen Geisteskrankheit ausgesprochen.

Anlage I

Abschrift dieses Beschlusses ist als Anlage I beigefügt.

Die Klägerin hat von diesem Beschluß am 1. März 1900 Kenntniß erhalten,

wie dies der Direktor der städtischen Irrenanstalt zu Dalldorf, Geheimer Medizinalrath Dr. Sander bekunden wird,

und hat bei dem Königlichen Landgericht I, Civilkammer 13, sofort die Beiordnung eines Rechtsanwalts behufs Erhebung der gegenwärtigen Anfechtungsklage beantragt. Diesem Antrage ist durch Verfügung des Vorsitzenden der Civilkammer 13 vom 10. März 1900 stattgegeben und der Klägerin der unterzeichnete Rechtsanwalt Hellkopf als Vertreter beigeordnet.

Anlage II

Abschrift der Verfügung vom 10. März 1900 ist als Anlage II beigefügt.

Die auf das Gutachten des Geheimen Medizinalraths Dr. Sander und des Sanitätsraths Dr. Kirchhof gestützte Annahme des Königlichen Amtsgerichts I zu Berlin, daß die unverehelichte Eulalia Schwachkopf sich in einem Zustande dauernder krankhafter Störung der Geistesthätigkeit befinde, in welchem sie die freie Willensbestimmung und die Fähigkeit, die Gesammtheit ihrer Angelegenheiten vernünftig zu besorgen, verloren habe, ist unzutreffend.

Die Klägerin ist zwar 2c. 2c. — folgt Ausführung, daß die Klägerin geistig durchaus normal sei —.

Als Sachverständige bringt die Klägerin den Geheimen Medizinalrath Professor Dr. Jolly und den Professor Dr. Mendel, beide in Berlin, in Vorschlag. Beide Aerzte haben die Entmündigte früher wiederholt behandelt und haben von ihrem körperlichen und geistigen Zustande die genaueste Kenntniß.

Die Klägerin stellt daher den Antrag, den ihr unterzeichneten Vertreter in der mündlichen Verhandlung wiederholen wird,

den Beschluß des Königlichen Amtsgerichts zu Berlin vom 15. Februar 1900, durch welchen ihre Entmündigung wegen Geisteskrankheit ausgesprochen ist, aufzuheben,

und ladet hiermit zur mündlichen Verhandlung vor das Königliche Landgericht I zu Berlin, Civilkammer 13 sowohl den Beklagten, als auch den Rentier Viktor Schwachkopf, letzteren mit der Aufforderung, einen bei dem vorbezeichneten Königlichen Landgericht zugelassenen Anwalt zu bestellen.

Beglaubigte Abschrift des Beschlusses des Königlichen Amtsgerichts I zu Berlin vom 15. Februar 1900, sowie die Verfügung des Vorsitzenden der Civilkammer 13 vom 10. März 1900 und Abschrift dieser Klage ist auf der Gerichtsschreiberei der Civilkammer 13 niedergelegt.

Berlin, den 20. März 1900.

Hellkopf,
Rechtsanwalt,
für die Klägerin.

---

5. Antrag auf Wiederaufhebung der Entmündigung einer Geisteskranken.

Antrag

der unverehelichten Eulalia Schwachkopf aus Berlin, z. Z. in der städtischen Irrenanstalt zu Dalldorf,

auf Wiederaufhebung der gegen sie wegen Geisteskrankheit ausgesprochenen Entmündigung.

Eine Anlage

Durch Beschluß des Königlichen Amtsgerichts I zu Berlin vom 15. Februar 1900 bin ich auf Antrag meines zu Berlin, Lützowstraße 100 wohnenden Bruders Viktor Schwachkopf wegen Geisteskrankheit entmündigt worden.

Von der Geisteskrankheit, an welcher ich längere Jahre gelitten, bin ich jetzt vollkommen wieder genesen; ich bin körperlich und geistig gesund und insbesondere durchaus wieder im Stande, die Gesammtheit meiner Angelegenheiten vernünftig zu besorgen.

Zum Beweise dessen überreiche ich in der Anlage ein ärztliches Zeugniß des praktischen Arztes Dr. Meyer aus Berlin, der mich im Laufe der letzten Monate mehrfach untersucht und mich nunmehr für geistig gesund erklärt hat.

Ich beantrage,

die über mich durch Beschluß des Königlichen Amtsgerichts I zu Berlin vom 15. Februar 1900 wegen Geisteskrankheit ausgesprochene Entmündigung wieder aufzuheben.

Dallborf, den 1. Juli 1901.

Eulalia Schwachkopf.

An
das Königliche Amtsgericht I
zu
Berlin.

---

6. Beschluß, durch welchen die Wiederaufhebung der Entmündigung einer Geisteskranken abgelehnt wird.

Beschluß.

In dem Verfahren, betreffend die Wiederaufhebung der durch Beschluß vom 15. Februar 1900 ausgesprochenen Entmündigung der unverehelichten Eulalia Schwachkopf aus Berlin, z. Z. in der städtischen Irrenanstalt zu Dallborf,

E. 50. 1901,

hat das Königliche Amtsgericht I zu Berlin am 15. Oktober 1901 beschlossen,

daß, da die unverehelichte Eulalia Schwachkopf die Wiederaufhebung der gegen sie durch diesseitigen Beschluß vom 15. Februar 1900 wegen Geisteskrankheit ausgesprochenen Entmündigung unter der Behauptung, daß sie von ihrer Geisteskrankheit vollkommen wieder genesen sei, beantragt hat, nach der unter Zuziehung der Sachverständigen Geheimer Medizinalrath Dr. Sander und Sanitätsrath Dr. Kirchhof am 2. Oktober 1901 erfolgten persönlichen Vernehmung der Entmündigten die vorbezeichneten Sachverständigen ihr eidliches Gutachten jedoch übereinstimmend dahin abgegeben haben, daß die Eulalia Schwachkopf auch jetzt noch sich in einem Zustande dauernder krankhafter Störung der Geistesthätigkeit befinde, in welchem ihr die freie Willensbestimmung und die Fähigkeit, ihre Angelegenheiten vernünftig zu besorgen, fehle; da dieses Gutachten durch das von der Entmündigten eingereichte ärztliche Zeugniß des praktischen Arztes Dr. Meyer nicht widerlegt werden kann und auch sonst gegen dasselbe Bedenken nicht vorliegen, die Entmündigte sonach auch jetzt noch für geisteskrank im Sinne des § 6 des Bürgerlichen Gesetzbuchs für das Deutsche Reich zu erachten ist; da die Entscheidung in

Betreff der Kosten endlich aus § 677 der Civilprozeßordnung sich ergiebt,

die von der unverehelichten Eulalia Schwachkopf beantragte Wiederaufhebung der gegen sie durch Beschluß vom 15. Februar 1900 wegen Geisteskrankheit ausgesprochenen Entmündigung abzulehnen und die Kosten des Verfahrens aus dem Vermögen der Entmündigten zu entnehmen.

(L. S.) Walter,
Amtsgerichtsrath.

Ausgefertigt,

Berlin, den 20. Oktober 1901.

Meyer,
Gerichtsschreiber.

---

7. Antrag auf Entmündigung eines Verschwenders.

Antrag

des Geheimen Kommerzienraths Lebrecht Goldsack zu Berlin Bellevuestraße Nr. 8

auf Entmündigung

seines zu Berlin, Behrenstraße Nr. 25 wohnhaften Neffen, des Kaufmanns Fritz Windbeutel

wegen Verschwendung.

Zwei Anlagen

Der am 5. Januar 1870 zu Dresden geborene, zu Berlin, Behrenstraße Nr. 25 wohnhafte Kaufmann Fritz Windbeutel ist der einzige Sohn meines am 12. Dezember 1876 zu Leipzig verstorbenen Schwagers, des Kommissionsraths Georg Windbeutel. Seine Mutter, Emilie Windbeutel, geb. Goldsack, meine Schwester, ist bereits im Jahre 1870 verstorben. Am 5. Januar 1891 wurde dem Fritz Windbeutel nach erlangter Großjährigkeit sein gesammtes, ihm von seinen Eltern hinterlassenes Vermögen von dem bisherigen Vormunde, dem Banquier Adolph Feinwechsel zu Berlin, ausgehändigt.

Dieses Vermögen bestand:

a) zum Betrage von 50,000 M. in verschiedenen auf Berliner Grundstücken sicher eingetragenen Hypothekenforderungen,

b) zum Betrage von 100,000 M. in Westpreußischen 4prozentigen konvertirten Pfandbriefen,

c) zum Betrage von 50,000 M. in Aktien der Großen Berliner Pferdeeisenbahn-Gesellschaft,

im Ganzen also in 200,000 M.

Zum Beweise dessen überreiche ich anliegende von dem Banquier Adolph Feinwechsel zu Berlin, Schloßfreiheit Nr. 7 aufgestellte Berechnung und berufe mich event. noch auf das Zeugniß des ꝛc. Feinwechsel.

Fritz Windbeutel hat vorläufig sein sämmtliches Vermögen in der Verwaltung des Banquier Feinwechsel belassen und bis Anfang des vorigen Jahres zu seinem Lebensunterhalt auch stets nur die Zinsen dieses seines Vermögens verbraucht. Von dieser Zeit an hat er jedoch sein Vermögen selbst angegriffen und dasselbe durch unbesonnene und unnütze Ausgaben ganz beträchtlich vermindert.

Allein während der Monate April bis Oktober 1881 hat er von Feinwechsel nicht nur die 30,000 M. Aktien der Großen Berliner Pferdeeisenbahn-Gesellschaft, sondern auch den Betrag von 60,000 M. in Westpreußischen Pfandbriefen sich aushändigen lassen, sämmtliche Werthpapiere verkauft und den Erlös im Börsenspiel und durch leichtsinnige Wetten auf dem Rennplatz zu Hoppegarten vollständig verbraucht. Nebenbei hat er noch wiederholt Wechsel von nicht unerheblichem Betrage acceptirt, welche zum Theil gegen ihn eingeklagt worden sind.

Zum Beweise dessen berufe ich mich auf das Zeugniß des rc. Feinwechsel sowie des Grafen Fedor Montaninsky zu Berlin, Französischestr. Nr. 14 und überreiche in der Anlage eine Bescheinigung der Handelskammer 2 des Königlichen Landgerichts I hierselbst, nach welcher in der Zeit vom 1. Juni 1899 bis 1. Januar 1900 zehn Wechselprozesse gegen den Fritz Windbeutel geschwebt haben.

Fritz Windbeutel hat seit dem 1. Januar 1899 nachweislich sein Vermögen bereits um 120,000 M. vermindert und sich durch Eingehung von Wechselverbindlichkeiten unzweifelhaft auch noch in weitere beträchtliche Schulden gesteckt. Seine gesammte Lebensweise läßt seinen Hang zu einer in offenbarem Mißverständniß zu dem vorhandenen Vermögen und Einkommen stehenden zwecklosen Vergeudung erkennen, die ihn der Gefahr des Nothstandes aussetzt und in absehbarer Zeit der Verarmung preisgeben wird.

Ich beantrage deßhalb,

auf Grund des § 6 des Bürgerlichen Gesetzbuches für das Deutsche Reich bezw. der §§ 680 ff. der Civilprozeßordnung das Entmündigungsverfahren gegen meinen Neffen, den Kaufmann Fritz Windbeutel zu Berlin einzuleiten, den letzteren wegen Verschwendung zu entmündigen und die Kosten des Verfahrens aus seinem Vermögen zu entnehmen.

Lebrecht Goldsack,
Geh. Kommerzienrath.

Berlin, den 1. Februar 1900.

An
das Königliche Amtsgericht I
zu
Berlin.

8. Antrag auf Entmündigung eines Trunksüchtigen.

Antrag
des Gemeindevorstandes zu Trinkhausen
auf Entmündigung
des Eigenthümers August Saufer zu Trinkhausen
wegen Trunksucht.

Der am 1. Dezember 1840 geborene, seit dem Jahre 1882 im hiesigen Orte wohnhafte Eigenthümer August Saufer, welcher das an der Trift Nr. 3 hierselbst belegene Hausgrundstück mit Garten besitzt, hat sich seit längerer Zeit dem Trunke ergeben. Nach dem Tode seiner im vorigen Jahr verstorbenen Ehefrau verkehrt Saufer täglich von früh bis in die Nacht hinein in den Wirthschaften unseres Ortes und den umliegenden Ortschaften und genießt dort geistige Getränke in derartiger Menge, daß er sich des Abends stets in bewußtlosem Zustande befindet. Er ist deßhalb auch körperlich sehr heruntergekommen, kümmert sich nicht mehr um seine drei noch unversorgten Kinder und vernachlässigt seine eigene Wirthschaft derart, daß er sich und seine Familie der Gefahr des Nothstandes aussetzt. In Folge seiner krankhaften Sucht nach geistigen Getränken hat er alle Willenskraft verloren und ist unfähig geworden, die Gesammtheit seiner Angelegenheiten vernünftig zu besorgen. Im Zustande der Trunkenheit neigt er außerdem zu Gewaltthätigkeiten gegen seine Kinder und die Mitbewohner seines Hauses, so daß er deren Sicherheit schon wiederholt gefährdet hat.

— Beispiele und Beweismittel. —

Da eine begründete Aussicht, daß Saufer sich bessern werde, nicht besteht, halten wir die Entmündigung des Saufer für dringend geboten und beantragen deßhalb:

> auf Grund des § 6 des Bürgerlichen Gesetzbuches für das Deutsche Reich bezw. der §§ 680 ff. der Civilprozeßordnung das Entmündigungsverfahren gegen den Eigenthümer August Saufer zu Trinkhausen einzuleiten, den letzteren wegen Trunksucht zu entmündigen und die Kosten des Verfahrens aus seinem Vermögen zu entnehmen.

Trinkhausen, den 1. Februar 1900.

(L. S.) Der Gemeindevorstand
J. A.
Friedrich Nüchtern,
Schöffe.

An
das Großherzogliche Amtsgericht
zu
Bierstadt.

Sachregister.

(Die Zahlen bedeuten die Seiten.)

A.

B.

C.

D.

E.

F.

G.

H.

N.

O.

P.

Q.

Z.

Lippert & Co. (G. Pätz'sche Buchdr.), Naumburg a. S.

FSC
www.fsc.org
MIX
Papier | Fördert gute Waldnutzung
FSC® C083411

Kolibri 360 GmbH
Ferdinand-Jühlke-Straße 7
99095 Erfurt, Deutschland
produktsicherheit@kolibri360.de